Helfried Weyer

Ick bün all hier

Geschichten und Anekdoten aus Buxtehude

Bildnachweis
Alle Bilder von Helfried Weyer mit Ausnahme der Seiten 5 Stadt Buxtehude, 12 Firma Brunckhorst, 17 wikipedia, 21 Dieter Klar, 23, 37, 49 (Martin Jank) Stadtarchiv Buxtehude, 25 Kulturforum/Köpcke, 31, 32, 35 Hans Otto Gade, 39, 41 Archiv Rolf Eberstein, 46 bow Ingeniere GmbH, 64 Heinrich Schmidt, 67, 68 NSB, 73, 74 Eberhard Schäfer, 78 Anja Klein.

Textnachweis
Die Geschichte „Ick bün all hier" wurde frei nach Wilhelm Schröder (geb. 1844) zitiert (Quelle: Info-Broschüre der Stadtinformation Buxtehude).

Dank

Für persönliche Gespräche danke ich:
Heinrich Augustin, Pastor Hans-Otto Gade, Pastor Eberhard Schäfer, Marion Gade, Klaus Bitter, Dieter Klar, Elke Brunckhorst-Päper, Rolf Brunckhorst, Klaus Wiersbitzki, Debbie Klijn, Wolfgang Stephan, Rolf Eberstein, Dieter Stackmann, Dr. Martin Lockert, Helmut Ponath, Bettina Wiebe, Bernd Utermöhlen und Bürgermeister Jürgen Badur.

Für die freundliche Bereitstellung von Fotos danke ich der Firma Brunckhorst, Dieter Klar, dem Stadtarchiv Buxtehude, Pastor Eberhard Schäfer, Pastor Hans-Otto Gade, Peter Meinecke, Modehaus Stackmann, NSB, Anja Klein, Heinrich Schmidt, Kulturforum/Köpcke und bow Ingenieure GmbH.

1. Auflage 2011

Satz und Layout: Christiane Zay, Bielefeld
Druck: Thiele & Schwarz, Kassel
Buchbinderische Verarbeitung: Buchbinderei Büge, Celle

34281 Gudensberg-Gleichen, Im Wiesental 1
Telefon: (0 56 03) 930 50
www.wartberg-verlag.de
ISBN 978-3-8313-2156-8

Inhaltsverzeichnis

Buxtehude liggt an de Est,
Dat is een ganz vergnögtes Nest!
De Hund, de bellt da mit den Stert,
Den Smid sien Arbeit is ook wat wert,
De Haas un Swinegel löpt um de Wett
wat man ook annerswo nicht hett!

Vorwort

Der Ausflug eines anerkannten Landschafts- und Motivfotografen in eine andere künstlerische Ausdrucksform ist in mehrfacher Hinsicht interessant. Wenn Helfried Weyer aus Buxtehude sich als Heimatforscher und Autor betätigt, kann man das Ergebnis als erfolgreiches hochwertiges Experiment bezeichnen. Lesenswert und lehrreich ist es zudem.

Die Geschichten und Anekdoten aus und um Buxtehude stellen ein informatives und vergnügliches Kaleidoskop, eine bunte Mixtur aus Vergangenem, aber nicht Vergänglichem und aus Historie und Gegenwart dar. Es ist eine gelungene Komposition aus historisch Überliefertem, aus Märchen und Tatsachen und aus amüsanten Plaudereien über Heimat, Landschaft und Menschen.

Helfried Weyer hat mit diesem Buch ein neues Kapitel seines Schaffens und Wirkens aufgeschlagen. Den Leserinnen und Lesern wird eine große Freude zuteil. Diese Gelegenheit sollte man sich nicht entgehen lassen.

Jürgen Badur
Bürgermeister der Stadt Buxtehude

Ick bün all hier

Der Wettlauf in Buxtehude

Up eenen Sündagmorgen, als de Bokweten bläu, stünn de Swinegel vor sien Dör und seggt to sien Froo: „Hüt mutt ick mit den Has wettlopen up de Buxtehuder Heid, um'n golden Luidor und'n Butt'l Branntwin, und du mußt mi dorbi helpen." „Mann, du mit dien scheeben Been und de Herr Has!" „Holt Mul, Wief, und misch di nich in Männerangelegenheit!"

74 mal läupen se, dor füll de Has um und wör dot; aber de Swinegel harr de Wett wunn.

Und hier ist die Übersetzung:

Es war an einem Sonntagmorgen. Die Sonne war strahlend aufgegangen, der Morgenwind strich über die Stoppelfelder, die Lerchen sangen in der Luft und im blühenden Buchweizen summten die Bienen. Die Leute von Buxtehude gingen in ihren schönsten Kleidern in die Kirche.

Der Igel stand vor seiner Tür und trällerte fröhlich ein Liedchen vor sich hin. Als er nun so halblaut sang, fiel ihm ein: Solange meine Frau die Kinder wäscht und anzieht, kann ich ja im Feld spazieren gehen und nach meinen Steckrüben sehen.

Gesagt, getan. Der Igel war noch nicht weit gegangen, da begegnete ihm ein Hase. Der war wegen ähnlicher „Geschäfte" ausgegangen und wollte nach seinem Kohl sehen. Als der Igel ihn erblickte, wünschte er ihm einen freundlichen „Guten Morgen". Der Hase aber, ein vornehmer Herr mit langen Beinen und sehr hochnäsig, erwiderte den morgendlichen Gruß des Igels nicht, sondern sagte eingebildet und voller Hohn: „Was läufst du denn hier so früh in meinem Feld herum?"

„Ich geh' spazieren", antwortete der Igel.

„Spazieren?", lachte der Hase. „Ich finde, du solltest deine krummen Beine zu besseren Dingen nutzen."

Über diese arrogante Antwort ärgerte sich der Igel sehr – und ordentlich gegrüßt hatte der Hase immer noch nicht. Der Igel konnte viel ertragen, aber auf seine

Beine ließ er nichts kommen, weil Igelbeine ja von Natur aus krumm sind.

„Du bildest dir wohl ein", sagte der Igel daraufhin zum Hasen, „dass du mit deinen Beinen mehr anfangen kannst?"

„Aber gewiss doch", antwortete der Hase.

„Nun, das kommt auf einen Versuch an. Lass uns um die Wette laufen, ich werde gewinnen!"

„Dass ich nicht lache. Du mit deinen krummen Beinen willst mit mir um die Wette laufen? Meinetwegen – was gilt die Wette?", fragte der Hase siegesgewiss zurück.

„Einen Goldtaler und eine Buddel Schnaps", antwortete der Igel voller Optimismus.

Die Hase- und Igelfiguren gehören zu dem Denkmal, das der Hamburger Bildhauer Fritz Fleer 1968 schuf ..

„Angenommen, schlag ein, dann kann es gleich losgehen."

„Nein, so eilig ist das nicht, ich bin gerade erst aufgestanden und werde jetzt erst nach Hause gehen und gut frühstücken. In einer halben Stunde bin ich wieder hier."

Damit war der Hase einverstanden und der Igel ging los. Unterwegs dachte er bei sich: Der Hase verlässt sich auf seine langen Beine, aber dem werde ich's schon zeigen. Er ist zwar ein vornehmer Herr, aber trotzdem ein dummer Kerl.

Als der Igel zu Hause ankam, sagte er: „Frau, zieh dich schnell an, du musst mit mir aufs Feld! Ich habe mit dem Hasen um einen Goldtaler und eine Buddel Schnaps gewettet. Ich will mit ihm einen Wettlauf machen, und da sollst du mir helfen."

„Oh mein Gott, Mann!", rief da die Igelfrau. „Bist du verrückt geworden? Wie kannst du mit so krummen Beinen gegen einen Hasen um die Wette laufen wollen?"

… Es steht heute in der Langen Straße vor dem Kaufhaus Stackmann.

„Ich hab' schon eine Idee, wie ich den Hasen besiegen werde. Zieh dich an und komm mit", sagte der Igel.

Als sie dann miteinander unterwegs waren, sprach der Igel zu seiner Frau: „Nun höre gut zu! Sieh mal, dahinten auf dem langen Acker wollen wir unseren Wettlauf machen und dabei wird der Hase in einer Furche laufen, ich in der anderen. Nun hast du nichts weiter zu tun, als dich in meiner Furche zu verstecken. Und wenn der Hase in seiner Furche ans Ziel kommt, dann rufst du ihm entgegen: ‚Ick bün all hier'."

Mit diesen Worten waren sie beim Acker angelangt. Die Frau des Igels begab sich auf ihren Platz und der Igel selbst ging zum Startplatz hinauf. Als er oben ankam, war der Hase schon da.

„Kann es losgehen?", fragte der Hase.

„Ja, dann man zu!", sagte der Igel.

Und damit stellte sich jeder in seine Furche. Der Hase zählte: „Eins – und zwei – und drei", und los raste er wie ein Sturmwind den Acker hinunter.

Der Igel aber lief nur einige wenige Schritte, duckte sich dann in die Furche und blieb ruhig sitzen. Als nun der Hase im vollen Lauf unten ankam, rief ihm die Frau des Igels entgegen: „Ick bün all hier!"

Der Hase stutzte und wunderte sich nicht wenig. Aber er zweifelte nicht, dass es der Igel war, der ihm das zurief, denn bekanntlich sieht die Frau eines Igels genauso aus wie ihr Mann.

„Noch mal gelaufen, wieder zurück!" Und ab jagte er wie ein Sturmwind, dass ihm die Ohren nur so um den Kopf flogen. Die Igelfrau aber blieb ruhig auf ihrem Platz. Als der Hase oben ankam, rief ihm der Igel entgegen: „Ick bün all hier!" Der Hase war ganz außer sich und schrie: „Noch mal gelaufen, wieder zurück!" „Macht mir nichts aus", antwortete der Igel. „Meinetwegen sooft du Lust hast."

So lief der Hase 73-mal, und der Igel hielt immer wieder mit. Jedes Mal, wenn der Hase unten oder oben ankam, riefen der Igel oder seine Frau: „Ick bün all hier!"

Beim 74. Mal aber kam der Hase nicht mehr ans Ziel. Mitten auf dem Acker stürzte er auf den Boden, das Blut floss ihm aus dem Hals, und er blieb tot auf der Stelle liegen. Der Igel nahm seinen gewonnenen Goldtaler und die Buddel Schnaps, rief seine Frau aus der Furche zurück, und beide gingen vergnügt miteinander nach Hause.

Die Lehre aus dieser Geschichte ist:

1. Keiner, auch wenn er noch so vornehm ist, soll auf den Gedanken kommen, sich über einen einfachen Mann lustig zu machen, und wäre der auch nur ein Igel.
2. Es ist gut, wenn einer heiraten will, dass er sich eine Frau von gleicher Herkunft wählt und die genauso aussieht wie er selber. Wer also ein Igel ist, muss sehen, dass auch seine Frau ein Igel ist.

So war das damals. Und wer diese Geschichte nicht glaubt, der kann sich in Buxtehude ihre Wahrhaftigkeit vergewissern. Er muss nur die Apensener Straße hinauflaufen, bis zur Wachtelburg und dann rechts abbiegen – und schon ist er im Wettloopsweg angekommen. Bis heute gibt es dort viele freundliche Igelfamilien.

Auch das Deutsche Rote Kreuz in Buxtehude nutzt die Has' und Igelgeschichte für ihre lokale Werbung.

1840 veröffentlichte Wilhelm Schröder aus Oldendorf bei Stade erstmals diese Geschichte von dem so ungleichen Wettlauf auf der Heide bei Buxtehude im „Hannoverschen Volksblatt". Drei Jahre später übernahmen die Brüder Grimm sie in ihre berühmten Kinder- und Hausmärchen.

Ist Wilhelm Schröder also der Urheber dieser Geschichte? Mit Sicherheit nicht! Angeblich hat Schröder nach der Veröffentlichung seiner „Wettloopsgeschichte" dem Hofbuchhändler Schwarz in Oldenburg erzählt, dass er diese „Lögenhafte Geschichte" im Dorfkrug von einem alten Jäger gehört und nacherzählt habe. Und von wem hatte der Jäger sie? Das ist nicht bekannt – bekannt ist dagegen die Tatsache, dass die Geschichte vom „Wettloop" seit Jahrhunderten in vielen Ländern, auch in Übersee, in ganz unterschiedlichen Variationen kursiert. Sogar die alten Griechen kannten dieses Märchen schon.

Schmuck für den letzten Kaiser

Brunckhorst war der erste Goldschmied in Buxtehude und hat sogar Kaiser Wilhelm I. bedient

Jeder Schüler der Bundesrepublik lernt, dass der preußische König Wilhelm I. im Jahr 1871 in Versailles zum deutschen Kaiser proklamiert wurde und bis zu seinem Tod 1888 in Berlin residierte. Buxtehuder Schüler lernen zusätzlich, dass dieser Kaiser im September 1873 die schöne Estestadt anlässlich eines Manövers seines Heeres bei Immenbeck besuchte. Der hohe Gast übernachtete übrigens nicht im Hotel, sondern in der weißen Villa des Senators und Seifenfabrikanten Julius Cäsar Kähler in der Ritterstraße. Und die Goldschmiedefamilie Brunckhorst weiß außerdem, dass der Kaiser, seinerzeit immerhin schon 76 Jahre alt, bei seinem zweitägigen Kurzbesuch „reichlich Silberschmuck" einkaufte. Als er vor dem Haus Lange Straße 23 stand und auf den Firmenschriftzug sah „Brunckhorst – Gold- und Silberarbeiter", bemerkte der Kaiser augenzwinkernd: „Das sollten sie ändern, Goldschmiede sind keine Arbeiter sondern Künstler!"

Das kaiserliche Interesse ist nicht verwunderlich, denn Silber- und Goldschmuck, ganz besonders Filigranarbeiten, aus Buxtehude waren weit über die unsere Landesgrenzen hinaus bekannt und beliebt. Sie befanden sich sogar im Besitz unseres ersten Bundespräsidenten Theodor Heuss und auch des ersten Nachkriegskanzlers Konrad Adenauer. Beide nutzten diesen besonders wertvollen und schönen Schmuck auch als angemessene Geschenke für hohe Staatsgäste. Dazu gehörten Ketten, Broschen und Silberbestecke mit Filigrangriffen, in denen bunte Steine funkelten. Warum gerade Buxtehude zu einem Zentrum der Gold- und Silberschmiede wurde, ist nicht bekannt. Rolf Brunckhorst, der sein Geschäft in der vierten Generation leitete und bis heute Geschäftsführer ist, vermutet, dass Buxtehuder Seeleute diese Kunst aus Schweden in unsere Stadt mitgebracht haben.

Diese Silberplakette aus der Königskette wurde für den viermaligen Schützenkönig Heiner Kracke bei Brunckhorst angefertigt. Sie erinnert nicht nur an den großen Erfolg des Schützen, sondern ebenso an die deutsche Wiedervereinigung am 3. Oktober 1990.

Der erste Goldschmied der Brunckhorst-Dynastie ließ sich nach Lehr- und Gesellenjahren in Soltau und Celle 1847 in Buxtehude nieder und eröffnete ein Jahr später seine erste Werkstatt am Ostfleth. Acht Jahre später zog der erfolgreiche Handwerker und Kaufmann in die Lange Straße 23 um. Dort existiert die Firma Brunckhorst bis heute.

Filigranschmuck wurde damals vor allem im Alten Land und auch auf den Nordfriesischen Inseln für Trachten und Tischdekorationen an allen Festtagen benötigt.

Zur Altländer Tracht gehört bis heute auch typisch Altländer Schmuck aus mehrteiligen Halsketten, filigranem Brustschmuck, goldenen Hemd- und silbernen Schuhspangen. Ein klassisches Geschenk des Mannes an seine Verlobte war im Alten Land das filigrane Brautherz aus Silber. Aber die Mädchen glaubten, dass die Liebe nur solange hält, wie der Schmuck glänzt. Das Silber lief schnell an, deshalb vergoldeten die Buxtehuder Werkstätten das Herz. Damit waren die Mädchen sehr zufrieden.

Auf die Goldschmiede der Werkstatt Brunckhorst wartete eine weitere große Aufgabe. Lange Traditionen haben hier die Schützenfeste. In Buxtehude gibt es gleich zwei davon, eines für die Nordstadt und ein zweites für den Süden beziehungsweise Altkloster. Die Bahnlinie trennt beide Stadtteile und ist gleichzeitig die Schützengrenze, die ein Festzug nicht überschreiten darf. Der König trägt Jahr für Jahr eine viele Kilogramm schwere Kette mit über 200 silbernen Namensschildern aller früheren Könige. Die Kette und Schilder wurden nicht nur von Brunckhorst hergestellt, sondern sie werden bis heute dort auch gepflegt und bei Bedarf restauriert. Das älteste Namensschild der Königskette stammt aus dem Jahr 1609 und steht längst unter Denkmalsschutz. Damals wurde noch mit einer Armbrust auf den Vogel geschossen.

Neben den Namensschildern der Königskette verlangten die Schützenvereine viele Silberlöffel von den hiesigen Goldschmieden, denn die besten Schützen wurden mit einem Löffel belohnt, den die Schützenfrauen den Siegern sofort nach den Erfolgsschüssen an die Uniformjacken nähten. Hatte ein Schütze sein Ziel nur knapp verfehlt, dann lautete der Kommentar:

„Dat wör dicht bi'n sölbern Lepel!"

Der Schützenkönig konnte sogar mit sechs Silberlöffeln rechnen.

„Heute ist Filigran leider ein Nischenprodukt und sehr lohnintensiv", erzählt Elke Brunckhorst-Päper, die den Familien- und Traditionsbetrieb in die fünfte Generation führt.

Im Schaufenster in der Langen Straße liegen heute weder Brautherzen noch filigrane Ketten und auch keine filigranen Löffel mit bunten Steinen im Griff, sondern moderne Uhren aller Preisklassen, Eheringe und Tafelbestecke. Aber wenn Besucher in das Obergeschoss steigen, dann betreten sie dort ein kleines liebevoll hergerichtetes Museum und staunen in der Werkstatt, dass dort drei hoch qualifizierte Goldschmiede immer noch das Filigran-Handwerk mit historischen Werkzeugen genauso gut beherrschen wie die Meister früherer Generationen.

Da kann sich noch heute jeder Mann ein vergoldetes Brautherz für seine Verlobte bestellen – und das wird ewig glänzen, wenn er bereit ist, mindestens 500,– Euro dafür auszugeben.

Das Wort Filigran – so hören wir im Brunckhorstschen Museum leitet sich aus dem lateinischen Begriff *filum* (= Faden) und *granum* (= Korn) ab. Es geht also um feinste silberne „Fäden" und kleinste meist verschnörkelte Kugeln oder „Körner". Die Kunst der Filigranarbeiten wurde zunächst in Ägypten, Indien und China praktiziert und in Europa erst im Mittelalter bekannt und beliebt.

Das Museum im Hause Brunckhorst führt dem Besucher über hundert Jahre Goldschmiedekunst unserer Region vom Feinsten vor. Wir erfahren zum Beispiel, dass eine dreireihige Kette aus 190 Filigranperlen (Drohtparl'n) besteht und jede einzelne etwa 30 Euro kostet. Solche Ketten werden sogar fünfreihig getragen.

Im Alten Land tragen die Blüten- und Apfelköniginnen zu ihren Trachten Schmuck aus Buxtehude: Ketten, Spangen, Knöpfe und mehr.

Und wer das Glück hat, vom Seniorchef Rolf Brunckhorst persönlich begrüßt zu werden, der hört pausenlos Geschichten zum Schmunzeln und andere, die nachdenklich stimmen:

„Ich habe viele Plaketten für die Königskette entworfen und die Namen der Sieger eingraviert. Einige wünschten sogar noch einen Spruch zusätzlich. Nie vergesse ich diesen:

An den Rat. Ein alter Schütze mahnt und spricht, verletzt die alten Rechte nicht, sonst wisst, dass meine Kugel spricht.

Wie gut, dass der heutige Bürgermeister selbst Schützenbruder ist, sonst könnte man den Spruch als Nötigung an das eben fertiggestellte neue Stadthaus deuten.

Es gab auch richtig traurige Begebenheiten in unserem Haus. Der Krieg ging zu Ende und wir alle ahnten, dass fremde Soldaten unsere bisher verschont gebliebene Stadt sehr bald erobern und besetzen werden. Davor wollte ich meinen geliebten Wein retten. Mit dem Kahn brachte ich einige Kisten über den Viver und vergrub meinen Schatz in den dortigen Gärten. Wenige Tage vor Kriegsende wurde Buxtehude noch zweimal angegriffen. Am 18. und 19. April 1945. Es fielen nur wenige Bomben, und einige Artilleriegranaten trafen unsere Stadt. Die Innenstadt blieb verschont, aber meine vergrabenen Weinflaschen bekamen einen Volltreffer. Schade, das war wirklich ein ganz besonders guter, alter Wein!"

Bei den Erzählungen des alten Herrn vergessen wir ganz, die vielen Kostbarkeiten aus der Nähe zu betrachten und versprechen, wiederzukommen, mit mehr Zeit. Denn da warten wunderschöne filigrane Segelschiffe mit roten und grünen Steinen als Back- und Steuerbordleuchten, gewaltige Schuhspangen, über hundert Jahre alte handgeschriebene Kassenbücher, deren Schriftbild an filigrane Kaligraphie erinnert, und vieles mehr.

Die Goldschmiedekunst ist – zumindest in Buxtehude – vom Aussterben bedroht. Brunckhorst bildet nur noch kaufmännische Lehrlinge aus, keine Kunsthandwerker mehr.

„Wir könnten das tun, aber wir hätten dabei ein schlechtes Gewissen. Was nützt eine gute Ausbildung, wenn es anschließend keine Arbeitsplätze auf diesem Feld gibt", bemerkt Elke Brunckhorst-Päper zu diesem Thema.

Die Goldschmiede- und Uhrmacherwerkstatt ist über 160 Jahre alt und nur *ein* Beispiel für viele Familienbetriebe, die Buxtehude und seine Altstadt so sehens- und liebenswert machen. Erst beim genauen Hinschauen und Hinhören erfährt der Besucher etwas von den wahren Schätzen dieser 1000 Jahre alten Kleinstadt.

Eine Königliche Nacht

Das Geheimnis aus der Aktentasche

Schützenfeste haben in Buxtehude Tradition und die Bürger freuen sich schon Wochen vorher auf das farbenprächtige Ereignis. So muss es auch im Jahr 1821 gewesen sein. Aber wenige Tage vor dem Fest brachte eine Leiche unsere Stadt total durcheinander – eine Königliche Leiche sogar.

2001 war der Umbau des Stadtmuseums fertig, und die ausgelagerten Kartons wurden wieder eingeräumt. Dabei fiel den Mitarbeitern eine seltsame Aktentasche in die Hände. Sie lag bereits auf dem Haufen, der entsorgt werden sollte. Aber bevor das geschah, warf jemand vom Heimatverein einen Blick in die Tasche und fand Zettel und Notizen des Buxtehuder Studienrats Hans Langelüddecke.

Hans Langelüddecke hatte in dieser unscheinbaren Ledertasche einen Schatz aufbewahrt: die Geschichte der Königlichen Leiche in Buxtehude. Der Heimatverein recherchierte weiter und brachte die skurrile Geschichte als kleine blaue Broschüre heraus.

Bei einem Glas Bier im nahen Brauhaus fiel dem Buxtehuder Fotograf Dieter Klar eines Tages zufällig diese blaue Broschüre in die Hand – der Heimatverein tagte in dem beliebten Lokal. Gedankenverloren blätterte Dieter Klar in jenem besagten Heft und plötzlich war die Idee geboren: Die Nacht mit der Königlichen Leiche musste auf die Bühne. Auf die Bühne einer Open-Air-Veranstaltung. Kirche und Petriplatz sollten zur Kulisse werden. Gesagt, getan.

Er, der kulturbegeisterte Altstadtbewohner Klar, würde die Geschichte so umschreiben, dass rhetorisch begabte Künstler sie vortragen könnten – natürlich im Zusammenklang mit Musik aus jener Zeit, als das Herz der Königlichen Leiche noch schlug. Der Petriplatz sollte in das historische Geschehen einbezogen werden mit stilvoll beleuchteten Giebeln, einer illuminierten Petrikirche und Damen in barocken Gewändern.

Dieter Klar saß bis tief in die Nacht im Brauhaus und sah bereits eine rauschende Nacht mit der toten Königin Caroline als Hauptperson vor seinem geistigen Auge.

Königin Caroline von England auf einem historischen Gemälde.

Dann gingen sechs Männer an die Arbeit: Dieter Klar, Peter Schmidt, Ronald Mahnke, Jan Peter Frenzel, Ulrich Wiegel und Ulli Wächter. Das kreative Team nannte sich stolz „die fab. 6" (nach fabulist).

Der 10. September 2005 schenkte unserer Stadt einen lauen Herbstabend – und Dieter Klars Traum ging in Erfüllung. Über 700 Menschen strömten zum Petriplatz und füllten die Reihen vor der Bühne. Der Harburger Posaunenchor blies aus den geöffneten Fenstern des Museums das „*Trumpet Voluntary*" von Jeremiah Clarke, hübsche Mädchen der Buxtehuder Kunstschule stolzierten in bunten barocken Kleidern durch die erstaunten Besuchergruppen und Axel Wiesenberg, verantwortlich für Licht und Tontechnik, illuminierte den Petriplatz geradezu märchenhaft.

Dann trat Ex-Tagesschausprecher Wilhelm Wieben auf die Bühne und begrüßte das Publikum:

Leeve Froounslüüd un leeve Mannslüüd,

wi sünd mit de Blooskopell ut Harborg anfungen – veelen Dank ook an de Tuters. We hebbt ook düsse Steel mit de schönen olen Hüs un uns groode Petrikark nicht tofällig utsöcht. Un ji kennt alltohoop de oole Geschicht, de Buxthu överall in de Welt bekannt mookt hett.

Jo, dat is dat Märken von den Wettloop. Veele Minschen kennt ober ook den Snack von de Köters in Buxthu, de mit jümeehr Steert bellen doot. Un so is dat komen, dat Buxthu as de Märkenstadt bekannt woorn is. Wenn ji nu dinken doot, ji weet allens öber uns oole Stadt, denn glöv ik dat nich so recht. Vondaag will ik jo een Streemel vertellen, de ook mennig een ut Buxthu noch nich kennen deit. Ober dat ward sik vonobend noch ännern. De Geschicht is so vigeliensdch as de Froo, von de de Geschicht hanneln deit. Kuum to glöben, ober wohr!

Dat hett mit'n oole Aktentasch ut Ledder anfungen …

De nee Geschicht von Buxthu hannelt von de affsünnerliche Reis von de ingelsche Köönigin Caroline. Un dat is een Stück ut de Dullkist, de moükst du kuum glööben. Ober so sind nu mool de Geschichten ut Buxthu!

Szenenapplaus – das Buxtehuder Jugendorchester spielt die *Symphonie No 8* von Antonin Dvorak.

Wieder betrat Wilhelm Wieben die Bühne und begann, die Geschichte der Königlichen Leiche zu erzählen:

Wir schreiben das Jahr 1768. Caroline von Braunschweig wird in Wolfenbüttel geboren. Caroline ist 26 Jahre alt, da trifft der britische Gesandte aus London ein, um als Brautwerber für George, den Prinzen von Wales aus dem Haus Hannover, um Carolines Hand anzuhalten. Der Lord beschreibt später seinen ersten Eindruck von der Welfenprinzessin: „Sie ist nicht mehr schlank, hat leidliche Zähne und blond gelocktes Haar. Ihr Hände sind schön, aber schlecht gepflegt, ihr Schuhwerk ist so schlimm, dass man über ihren Fuß schwerlich urteilen kann."

Der Prinz von Wales, ein Trinker, Spieler, Wüstling und Frauenheld ohne jedes Schamgefühl, heiratete 1785 ohne Wissen des Königs seine Mätresse Maria Ann Fitzherbert. Zwei Jahre später wurde die Ehe mit seiner Zustimmung als rechtswidrig erklärt. Das war eine Bedingung dafür, dass ihm mit Billigung des Parlaments ein Schuldenberg von 550000 £ erlassen wurde. Die Zustimmung des Königs zu dem Handel wird daran geknüpft, dass der Prinz von Wales seine Braunschweig-Wolfenbütteler Cousine Caroline heiratet.

Am 3. Januar 1795 bricht Caroline zu ihrer Reise über Stade nach Cuxhaven auf. Nach acht Tagen Seefahrt trifft sie in London ein. Nachdem ihr zukünftiger Mann sie das erste Mal erblickt und formell begrüßt hat, dreht er sich um und ruft: „Mir ist übel – man reiche mir ein Glas Brandy."

Trotzdem ist Caroline am Tag ihrer Trauung bester Laune. Georg ist bei seinem Eintreffen am Altar schon ziemlich betrunken. Auch die Hochzeitsnacht wird zur Katastrophe. Caroline berichtet einer Freundin: „Mein Gemahl verbrachte einen

Großteil unserer Hochzeitsnacht unter einem Tisch, wohin er betrunken fiel, und da ließ ich ihn auch liegen."

Im August 1796 wird Caroline von ihrem Mann aus London verbannt. Sie beschließt, England zu verlassen. Georg ist darüber hoch erfreut und toastet:

„Auf die Verdammnis der Prinzessin von Wales! Möge sie niemals nach England zurückkehren!"

1820 stirbt der König von England, George III. Die Krönung des Prinzen von Wales zum König Georg IV. von Großbritannien und Irland steht bevor. Als Caroline vom Tod des Schwiegervaters erfährt, beschließt sie, nach England zurückzukehren.

Am 19. Juli 1821 wird der neue König gekrönt. Die Türsteher sind instruiert, die Königin zurückzuweisen, sollte diese wirklich die Unverschämtheit besitzen, Einlass zu begehren.

Mit Fäusten hämmert Caroline an das verschlossene Tor und ruft: „Lasst mich rein, ich bin eure Königin."

Diese letzte Demütigung in ihrem Leben kann sie nicht verwinden – ihr Herz ist gebrochen. Die ungekrönte Königin Caroline Amalie Elisabeth des Vereinigten Königreiches von Großbritannien, Irland und Hannover spürt den nahenden Tod und verfügt, dass sie nicht in England, sondern in Braunschweig beigesetzt werden möchte.

Am 7. August 1817 stirbt Caroline im Alter von 53 Jahren. Als ihr Gemahl Georg IV. erfährt, dass Caroline testamentarisch ihre Beisetzung im heimatlichen Braunschweig verfügt hat, werden sofort die Kosten für die Überführung bewilligt.

Erst einen Tag vor dem Eintreffen der seligen Leiche erhielt der Buxtehuder Magistrat diesen Brief:

„Wir benachrichtigen den Magistrat in Buxtehude, dass die Hohe Leiche und deren Gefolge morgen, den 21. d.M. in Buxtehude eintreffen und dort übernachten wird, um am 22. d.M. weiter bis nach Soltau zu gehen."

Daraufhin hat der Magistrat beschlossen:

Beim Eintreffen der toten Königin von England läuten alle Glocken von St. Petri. Innen ist die Kirche samt Altar mit schwarzem Tuch behängt. Vor dem Altar wird zur Aufbahrung des Sarkophags ein Katafalk errichtet. Die Hohe Leiche und die Kirche werden mit Kerzen und allen drei Kronleuchtern feierlich illuminiert.

So geschah es.

Der königliche Leichenzug hatte seine Reise noch nicht fortgesetzt, da schrieben die Buxtehuder schon ihre Rechnungen, um sich wieder den Vorbereitungen für das Schützenfest widmen zu können. Allerdings waren viele Rechnungen der Handwerker überhöht, ganz besonders die des Tuchhändlers Meyer. London und die Stader Provinzialregierung sahen sich daher zu strenger Rechnungsprüfung gezwungen. Der Tischler Christoph Brunckhorst beklagte sich bitterlich darüber, dass er mit fünf Meistern und fünf Gehülfen die ganze Nacht hindurch gearbeitet und am nächsten Morgen noch vier weitere Gehülfen hinzugezogen habe, um den Katafalk zu errichten, und seine Rechnung nun nicht beglichen werden solle, nur weil ein Tuchhändler sich durch eine völlig überhöhte Rechnung hervorgetan habe.

Der Ausgleich der Rechnungen zog sich noch bis zum Ende des Jahres 1821 hin, einige davon wurden später sogar von den Regierungen „ermäßigt". Der Protest der Handwerker dagegen war zwecklos. Stade räumte ihnen allerdings ein, das benutzte Material auf eigene Rechnung zu versteigern. Diese Idee fiel bei den geschäftstüchtigen Buxtehudern auf fruchtbaren Boden.

Die Handwerker, die nun dachten, sie könnten mit dem eingenommenen Geld von der Auktion ihre „ermäßigten" Rechnungen ausgleichen, erlebten schließlich eine böse Enttäuschung: Alle Einnahmen der Auktion behielt die Kirche.

Begeisterter Applaus hallte durch die Buxtehuder Nacht!

Februar 2011: Frisch gefallener Schnee liegt auf dem Petriplatz. Draußen ist es richtig ungemütlich. Aber nicht hier drinnen in Dieters schöner Altstadtwohnung. Wir reden als Fotografenkollegen und als langjährige Freunde – natürlich auch von der Königlichen Nacht in Buxtehude. Dieter Klar legt einen vergilbten Zeitungsbericht vom 12. September 2005 auf den Tisch. Amping Richter hat den Artikel sehr positiv geschrieben und in ihm betont, dass die Hochzeitsnacht der Königin Caroline ein totales Desaster gewesen sein muss, ganz im Gegensatz zu der Königlichen Nacht des Dieter Klar.

Und das alles hätten wir nie erfahren, wenn ein Unwissender die alte Aktentasche meines früheren Lehrers Hans Langelüddecke nicht einfach weggeworfen hätte.

So plante die Zeichnerin Claudia Schmidt die Illuminierung des St. Petriplatzes zur Königlichen Nacht.

Sturmflut 1962

„Denn die Elemente hassen das Gebild’ der Menschenhand ...“

Friedrich Schiller

Mitten im Ozean schläft bis zur Stunde
ein Ungeheuer, tief auf dem Grunde.
Sein Haupt ruht dicht vor Englands Strand,
die Schwanzflosse spielt bei Brasiliens Sand.
Es zieht, sechs Stunden, den Atem nach innen
und treibt ihn, sechs Stunden, wieder von hinnen.

So hat der Lyriker Detlev von Liliencron (1844–1909) die Ursachen von Sturmfluten vor den Küsten seiner norddeutschen Heimat in dem dramatischen Gedicht „Trutz, Blanke Hans“ beschrieben.

Im Februar 1962 hat dieses Meerungeheuer nicht nur geatmet, sondern so stark gezuckt, dass eine Tod und Verwüstung bringende Flutwelle unsere Stadt erreichte. Der Flutberg war die Elbe heraufgerast und die von einem Nordwestorkan gepeitschten Wellen zerrissen viele Deiche von Cuxhaven bis nach Cranz.

Für Buxtehude begann der Ausnahmezustand mitten in der Nacht vom 16. auf den 17. Februar. Am Freitag, das war der 16. Februar, hatte sich starker Westwind zu einem unvorstellbaren Sturm aufgebaut. Am späten Abend flaute er etwas ab und die vorgewarnten Bürger legten sich in ihre Betten. Sie hofften, dass die Deiche an der nahen Elbe und die Dächer über ihren Köpfen halten würden – sie hielten nicht.

Gegen Mitternacht heulten an der Küste alle Sirenen und Sturmglocken läuteten die Menschen aus dem Schlaf.

Die überflutete Harburger Straße.

Nachts um 1 Uhr – es war bereits der 17. Februar – wurden die Feuerwehr, die Bundeswehr und das Technische Hilfswerk (THW) nach Borstel zum Einsatz geschickt. Pausenlos schleppten die Männer dort schwere Sandsäcke zum Elbdeich und mussten dennoch hilflos mit ansehen, dass die Flut stärker war als jedes Menschenwerk.

Der Deich brach nahe der *Borstler Mühle*. Das schlammige, braune Wasser wälzte sich Richtung Buxtehude und drohte den Hilfstrupps alle Rückzugswege abzuschneiden.

Auch bei Cranz brach der Deich und durchschießendes Wasser riss das „Strandcafe" fort. Diese hausgroßen Löcher im Deich hatten zur Folge, dass sich auch dort die Flut in Richtung Süden bewegte.

Die Situation war dramatisch, aber nicht so tragisch wie im nahen Stade. Dort fiel gegen Mitternacht der Strom aus, sodass in der Einsatzzentrale des Polizeireviers bei nur mattem Laternenlicht fieberhaft weitergearbeitet werden konnte. Der ungebändigte Sturm zerriss Leitungen und ließ schwere Dachpfannen ungebremst auf Gehwege und Straßen prasseln, die an vielen Stellen durch umgestürzte Bäume bereits unpassierbar geworden waren.

In der Zentrale überschlugen sich Meldungen und Hilferufe in dieser mondlosen Nacht: „Deichbruchgefahr in Balje – bei Neuland – Großenwörden – am Schwingedeich – in Freiburg ... Menschen haben sich auf Dächer geflüchtet und müssen gerettet werden ... !"

Um 2.20 Uhr kam der Anruf: „Bei der Gaststätte ‚Symphonie' am rechten Schwingeufer haben sich ein kranker Mann und eine schwangere Frau auf ein Dach gerettet und warten auf Hilfe."

Vier Männer, ein ortskundiger Polizist und drei Soldaten, brachen mit einem Bundeswehrfahrzeug Richtung „Symphonie" auf. Sie hatten auch ein Schlauchboot dabei. Aber weit kam der LKW trotz seiner hohen Räder nicht, die Männer stiegen also in das Schlauchboot um. Dann stürzte eine gewaltige Flutwelle nach einem Deichbruch auf das kleine Boot und schleuderte es in einen Stacheldrahtzaun. Der Stader Polizei-Obermeister Kersenbrock und drei Soldaten ertranken im eiskalten Wasser der Nordsee.

Die Hilfstrupps bei Borstel kehrten nach ihrer verlorenen Schlacht zurück nach Buxtehude. Aber an Ausruhen war nicht zu denken. Als es an diesem Samstag endlich hell wurde, waren alle Fernsprechleitungen nach Jork, Cranz, Neuenfelde und Hamburg unterbrochen.

Die grauen Fluten krochen über die Dritte Meile des Alten Landes erschreckend schnell Richtung Buxtehude. Um 9.30 Uhr alarmierte unsere Polizeistation die Stadtverwaltung. Die Feuerwehr wurde sofort angewiesen, die Stadt nicht mehr zu verlassen und zu auswärtigen Einsätzen zu fahren. Im Ostmoor musste das Vieh von den bereits total überfluteten Weiden gerettet werden.

Wolfgang Weyer war Augenzeuge:

„Erich Sauer hatte uns THW-Helfern seinen LKW zur Verfügung gestellt und wir haben dann pausenlos Möbel aus den gefährdeten Wohnungen in das höher gelegene Altkloster gefahren. Im Hafen, den wir bei diesen Pendelfahrten ständig passieren mussten, sahen wir ein unbeschreibliches Gedränge von Kühen, die von Bundeswehrsoldaten aus dem Alten Land nach Buxtehude getrieben wurden. Zwei Tiere stürzten vor meinen Augen über die Kaimauer ins Wasser und konnten von der Feuerwehr an breiten Gurten wieder herausgezogen werden. Aber da war keine Zeit zum Zuschauen!"

Die Volksschule Altkloster, auf der Geest höher und sicher gelegen, wurde zur Massenunterkunft für Flüchtlinge aus dem Alten Land. Kurz nach Mittag erreichte das Wasser Buxtehude. Es drängte über Mooerender und die Rübker Straße in die Stadt. Das Krankenhaus am Bollweg wurde evakuiert.

Um 14 Uhr stand die gesamte Harburger Straße bis zur heutigen Firma Erber unter Wasser.

Ertrunkenes Vieh aus dem Rübker Moor. Die traurige Szene entstand am Nicoper Deich vor dem ehemaligen Gasthaus zur Piepe.

Noch einmal Wolfgang Weyer: „Am Nachmittag wurden wir von der Einsatzzentrale in meine Ingenieurschule geschickt. Dort sollten wir Akten und Papier aus 60 cm hohem und weiter steigendem Wasser retten. Dadurch wurden die Schränke leichter, trieben auf und kippten nach vorne um, bevor wir ihren Inhalt bergen konnten. Plötzlich schwammen hunderte von Aktenordnern um uns herum und wir wussten schon bald nicht mehr, welche wir zuerst aus der Flut ziehen und in obere Etagen schleppen sollten."

In der Volksschule Altkloster haben zwei Züge des DRK-Einsatzstabes Niedersachsen eine Verpflegungsstelle eingerichtet, dort gibt es endlich heiße Suppe für die vielen erschöpften Helfer und Helferinnen und ebenso für die Flüchtlinge aus dem Umland. Viele von ihnen haben Häuser und auch Vieh verloren.

Um 19.00 Uhr erreichte das Wasser in Buxtehude seinen Höchststand von 2,38 m über Normalnull. Ein Drittel der Stadtfläche war überflutet, davon waren 1600 Einwohner betroffen.

In der folgenden Nacht wurden tief liegende Straßen gesichert, indem die Feuerwehr Sandsäcke auf die Sieldeckel stapelte. Das Grundwasser war stark gestiegen und könnte jetzt von unten durch die Deckel in die Straßen laufen.

In den nächsten Tagen – der Wasserstand fiel langsam – koordiniert die Stadtverwaltung alle Hilfsmaßnamen nach dem chaotischen Wochenende. In Buxtehude arbeiteten jetzt 20 Helfer des THW, 50 Feuerwehrleute, 20 Stadtarbeiter, 35 Angehörige des DRK Buxtehude, 180 Frauen und Männer des DRK-Hilfszuges Niedersachsen sowie Teile der Standortkommandantur und Männer des Bundesgrenzschutzes zusammen mit vielen Freiwilligen.

Jetzt werden auch nach und nach viele wahre Begebenheiten der vergangenen Tage bekannt: Da trug ein Helfer Kinder 300 Meter weit durch die Wüste aus eiskaltem Wasser, ein anderer nahm gleichzeitig eine Frau auf den Rücken und zwei Kinder in den Arm. Unter solchen Männern und Frauen sollte Deutschland seine Superstars suchen, viele hätten den Titel verdient, alle das Finale!

Die traurige Gesamtbilanz der Sturmflut 1962 sieht so aus: Die Katastrophe forderte in Norddeutschland 340 Menschenleben. 30000 Bürger mussten evakuiert werden. 27000 Wohnungen wurden beschädigt, davon 1255 total zerstört. Mehr als 400 km Deiche wurden zerstört.

Eine Woche später begannen die Aufräumarbeiten im verschlammten Buxtehude und – fast – wieder der Normalzustand. Die Bürger fanden endlich Zeit zum Ausschlafen – vielleicht sogar zum Lesen:

Doch einmal in jedem Jahrhundert entlassen
die Kiemen gewaltige Wassermassen.
Dann holt das Untier tiefer Atem ein
und peitscht die Wellen und schläft wieder ein.
Viel tausend Menschen im Nordland ertrinken,
viel reiche Länder und Städte versinken.
Trutz, Blanke Hans.

Wo ist das Wilde Schwein?

Die Geschichte einer seltsamen Adresse

Wer unterwegs ist und behauptet, er komme aus Buxtehude, wird bestenfalls als Schelm oder Witzbold gehandelt. Dann folgt zwangsläufig die Nachfrage: „Woher kommst du wirklich?"

Wenn nun der Reisende erzählt, er komme tatsächlich aus Buxtehude und wohne dort „Beim wilden Schwein", dann ist jeder Spaß vorbei und man wird verdächtigt, frech, arrogant und total ungehörig geantwortet zu haben. Oder das Gespräch verläuft andersherum. Heinrich Augustin aus Ottensen erzählte mir von einer Klassenfahrt nach Speyer. In einem Weinlokal hörte der Wirt, dass seine Gäste aus Buxtehude kommen und der reagierte so: „Wenn das stimmt, seid ihr meine Gäste. Euer Wein geht auf Rechnung des Hauses!"

Aber – das wissen Sie, liebe Leserinnen und Leser, bereits – Buxtehude gibt es wirklich. Und in der Stadt auch die Straße „Beim Wilden Schwein". Man muss nur die Apensener Straße hinaufgehen, das Lokal Wachtelburg passieren und dann gleich nach rechts in den Wettloopsweg einbiegen. Nach 60 Metern liegt rechter Hand die kleine Stichstraße „Beim wilden Schwein".

Der Schreiber dieser Zeilen muss es wissen, denn er hat zehn Jahre lang „Beim Wilden Schwein" gewohnt und draußen in der Welt Hohn und Spott angesichts dieser seltsamen Adresse ertragen müssen:

Buxtehude, Beim Wilden Schwein 4.

Warum heißt eine Straße so, noch dazu in einer Stadt, deren Existenz an vielen Orten angezweifelt wird? Vor vielen Jahren gab es eine mächtige Granitplatte, die auf vier großen Steinen ruhte und von ihrer Form her an ein riesiges Wildschwein erinnerte. So muss es von der Seite ausgesehen haben. Es gab und gibt unweit des Estetals verschiedene Gräber aus der Jungsteinzeit 4000 bis 2000 vor Christus. Das „Wilde Schwein" gehörte zu den mächtigsten dieser Gräber. Wissenschaftler nennen solche Steingräber Dolmen. Das Wort kommt von den Kelten und bedeutet „Steintisch".

Die einzige Zeichnung vom „Wilden Schwein" ziert die Dorfchronik aus Ottensen von Fritz Ehlers aus dem Jahr 1975.

Der Navajo Indianer Sam Bingham hat gesagt: „Ein Weiser kann Steine anschauen und dabei Geschichten lesen." So war das auch beim „Wilden Schwein".

Leider existiert das „Wilde Schwein" nicht mehr und wo die gewaltige Platte geblieben ist, weiß auch niemand zu sagen. Da gibt es nur Vermutungen. Die einen glauben, Napoleons Soldaten haben im frühen 19. Jahrhundert die Steine zum Straßenbau benutzt. Mancher Heimatforscher meint – und das klingt wahrscheinlicher –, Bauern haben die Platten zu Legsteinen für ihre Hausfundamente zerschlagen. Solche Legsteine brauchte man vor allem auf dem Moorboden, zum Beispiel in Dammhausen.

Das „Wilde Schwein" ist also spurlos verschwunden. Geblieben sind nur Geschichten, die sich darum ranken:

Der Heimatforscher Heinrich Müller hat nachgewiesen, dass die Bezeichnung „Wildes Schwein" bereits im Jahr 1493 in einer Schenkungsurkunde der Brüder von Borch an das Alte Kloster schriftlich erwähnt wurde. In der betreffenden Urkunde ging es wohl um Ländereien im Süden Buxtehudes.

Die Straße Beim Wilden Schwein liegt 700 m vom ehemaligen Steingrab entfernt.

Im Jahr 1535 gab es den Chronisten Luneberg Mushard. Der erzählte von einer besonders tragischen Begebenheit:

Der „Secretarius" von Buxtehude, also der Stadtschreiber, Johannes Zeigler, ritt eines Tages von Harsefeld nach Hause. In der späten Dämmerung passierten Pferd und Reiter das „Wilde Schwein". Der Anblick des mächtigen Steines ließ das Pferd erschrecken und scheuen. Das Tier bäumte sich auf, warf den Reiter ab und galoppierte in wilden Sprüngen davon. Der Wächter im Alten Kloster sprang dem Pferd beherzt in die Zügel und erkannte das Unglück. Johannes Zeigler war mit einem Fuß im Steigbügel hängen geblieben – der „Secretarius" wurde an diesem Abend von seinem eigenen Pferd zu Tode geschleift.

Nicht alle Beschreibungen sind so dramatisch und tragisch. Die alte Frau Falten aus Ottensen wusste 1954 noch eine Geschichte zu erzählen, die sie in ihrer Familie gehört hatte:

„Von meinem Großvater weiß ich, dass am ‚Wilden Schwein' alljährlich die Prüfung für die Lehrlinge des Frachtfuhrwerkes stattfand. Die Heide, die sich damals ringsum dehnte, war voller Stechpalmen und Ginstersträucher. Zwischen ihnen schlängelten sich zerfahrene Sandwege, über die der angehende Geselle das schwer beladene Fuhrwerk sicher und ohne Anhalten dreimal hin- und zurückführen musste. Hatte er seine Fahrkunst bewiesen, dann wurde er zum Gesellen geschlagen. Am ‚Wilden Schwein' standen zahlreiche Meister versammelt. Auf ein Zeichen hin musste der Prüfling auf allen Vieren unter der Deckplatte des Grabes hindurchkriechen bis zu dem wartenden Meister, der ihm mit der Peitsche drei sanfte Schläge über den Rücken strich und dabei die Worte rief: ‚Ich schlage dich hiermit zum Gesellen der ehrsamen Zunft des Frachtfuhrwerkes!'"

Wo lag das alte Grab wirklich? Es lag jedenfalls nicht an der heutigen Straße „Beim Wilden Schwein", sondern genau 700 Meter weiter südwestlich links an der Apensener Straße, und zwar wenige Schritte vor der höchsten Kuppe zwischen Buxtehude und Apensen. Südlich von der Apensener Straße liegt der „Delmer Bogen" und von ihm führt die kleine Ringstraße „Am Steingrab" in nördlicher Richtung ab. Am Steingrab Nr. 16 wohnt Heinrich Gütersloh. Er hat sein Haus nicht selbst gebaut, sondern von dem Vorbesitzer übernommen. Dieser wusste beim Verkauf des Hauses zu erzählen, dass die Bauleute beim Kelleraushub Steine und Scherben gefunden haben, die da eigentlich nicht hingehörten und nur von dem 4000 Jahre alten Grab – also vom „Wilden Schwein" – stammen konnten: Schaber aus Flintstein, ein Steinbeil und Faustkeile waren dort gefunden worden. Sie befinden sich heute im Harburger Helmsmuseum und können dort besichtigt werden.

Damals, so erzählt Heinrich Gütersloh weiter, das muss Anfang der Siebzigerjahre gewesen sein, stand hier noch ein kleines Waldstück mit einem sehr verwühlten Grabhügel, etwa zehn Meter im Durchmesser groß. Alles war von Brombeersträuchern überwuchert. Aber die Vertiefung des Hügels zeigt genau die Stelle an, wo sich einst das „Wilde Schwein" befunden hatte.

Alles, was in Buxtehude von diesen Geschichten geblieben ist, sind die beiden Straßennamen „Am Steingrab" und „Beim Wilden Schwein". Und beides sind wirklich schöne Wohngebiete, auch wenn der arme Stadtschreiber Johannes Zeigler dort so unsanft zu Tode gekommen ist.

Nicken Sie nicht – tun Sie was!

Buxtehuder Bürger helfen

Als 1945 etwa zwölf Millionen Menschen von der Roten Armee aus ihren Heimatländern im deutschen Osten vertrieben wurden, war ich einer davon und landete mit Mutter und Bruder und anderen Verwandten wohlbehalten in Buxtehude. Nicht alle Deutschen gingen damals auf die Flucht und wieder andere – etwa 1,1 Millionen – kehrten nach der Kapitulation zurück in ihre alten Städte und Dörfer. Sie leben dort als deutsche Minderheiten in Russland und Polen.

Um 2 Uhr nachts klingelt in der Buxtehuder Vaßmerstraße der Wecker. Nach einem kurzen Frühstück besteigen Wolfgang und Edith Weyer zusammen mit Peter und Monika Meinecke aus Zeven einen VW-Bus, voll getankt und voll bepackt mit Rollstühlen, Gehhilfen, Medikamenten und sortierter Kleidung. Diese Hilfssendung, gespendet von Buxtehuder Bürgern, füllt auch noch einen Anhänger. In 15 Stunden wollen die Fahrer ihr Ziel erreichen: Sensburg im Herzen Masurens und dort das Haus der *Deutschen Gesellschaft „Bärentatze"*, die Not leidende Menschen in Polen betreut. Bei den Empfängern spielt es keine Rolle, ob es sich um Polen oder Deutsche handelt. Im Vorsitz der *„Bärentatze"* ist auch der polnische ehemalige Chefarzt des Sensburger Krankenhauses. Deutsche und Polen bestimmen also gemeinsam, wer hilfsbedürftig ist und Unterstützung braucht. So funktioniert deutsch-polnische Freundschaft ohne Politik dazwischen.

Hilfe für Polen aus Buxtehude. Peter und Monika Meinecke verladen zusammen mit Wolfgang Weyer (r.) reparierte Rollstühle für die „Bärentatze".

Um 9.40 Uhr wird die polnische Grenze erreicht. Da Polen jetzt zur EU gehört, gibt es – wie noch vor wenigen Jahren – die langwierigen Grenzkontrollen mit dem endlosen Formularausfüllen nicht mehr. Gott sei Dank!

Um 17.30 Uhr fängt der Anhänger an zu schlingern, ein Reifen ist kaputt. Die Helfer koppeln den Hänger ab und folgen den Hinweisschildern zur nächsten Tankstelle. Dort ruft ein freundlicher Pole die zuständige Werkstatt an. Hilfe kommt, verkauft und montiert einen neuen Reifen für 50.– Euro. Um 19 Uhr kann die Fahrt fortgesetzt werden.

Um 22.30 Uhr passieren die Buxtehuder Osterode – Sensburg ist immer noch weit. Aber eine halbe Stunde nach Mitternacht stehen die vier nach knapp 1000 gefahrenen Kilometern vor dem Haus von Heinz Czerwinsky und werden mit einer herzlichen Umarmung und einem gedeckten Tisch begrüßt.

Die Kleiderkammer der *„Bärentatze"* ist fast leer. Hier wird jedes Stück dringend gebraucht, vor allem die Rollstühle und Gehhilfen. 28 Rollstühle stammen aus dem Reha-Zentrum Gyhum bei Zeven. Dort landeten fast 100 defekte Rollstühle im Keller. Der Hausmeister hörte von der Not in Polen und begann sie zu reparieren. Ersatzteile gab es ja genug an den vielen Rollstühlen; hier mussten die Räder ersetzt werden, dort der Sitz. So ein Rollstuhl bedeutet für den glücklichen Besitzer immer neue Lebensqualität.

Die Buxtehuder um den Initiator Wolfgang Weyer haben schon mehrfach Hilfstransporte nach Sensburg durchgeführt und Busreisen nach Masuren organisiert, bei denen neben dem Gepäck der Gäste 60 Bananenkartons und mehr voll mit Hilfsgütern mit an Bord waren.

„Einmal", so erzählt Wolfgang Weyer, „haben wir auch Bargeld gegeben. Ein deutscher Bauer in Sorquitten musste unbedingt seinen Weidezaun reparieren und wusste nicht, wie er den Draht bezahlen konnte. Wir drückten ihm 200,– DM in die Hand und hörten von dem Mann unter Freudentränen, dass er jetzt den notwendigen Draht holen könne, ohne eine Kuh dafür verkaufen zu müssen. Mit unserer Soforthilfe war also dem Bauern ebenso geholfen wie der Kuh."

Noch lange nicht ausgeschlafen, planen die Helfer schon den nächsten Transport nach Sensburg. Der Name Buxtehude hat auch in Masuren einen guten Klang, selbst bei den Kühen.

Als der Block IV des Reaktors in Tschernobyl im April 1986 explodierte und weite Gebiete Weißrusslands verstrahlt wurden, war ich in Tibet unterwegs und dort von Nachrichten aus dem Westen abgeschnitten. Peking hatte solche Katastrophenmeldungen natürlich nicht verbreitet.

30000 Menschen verloren in den ersten beiden Jahren nach dem Reaktorunfall ihr Leben. Unbestätigte Meldungen sprechen sogar von 110000 Toten. In der sogenannten Todeszone um Tschernobyl herum wohnen und sterben bis heute Flüchtlinge aus Tschetschenien und Leute, die kein neues Zuhause gefunden haben.

Fast alle Kinder in den verstrahlten Gebieten leiden unter einer Immunschwäche („Tschernobyl-Aids"). Ursache ist die permanente Niedrigstrahlung. Die Kinder werden von jeder kleinen Infektion einfach umgeworfen. Schulunterricht ist aufgrund der Konzentrationsschwäche nur in kurzen Intervallen möglich.

Das Dietrich-Bonhoeffer-Haus hat sich in ein „Postamt" verwandelt.

„Wir müssen für die Tschernobyl-Kinder etwas tun."

Das beschloss die Hannoversche Landeskirche 1990 und schuf einen sehr effektiven Arbeitskreis.

Die Buxtehuder Pastorenfamilie Hans-Otto und Marion Gade waren sofort Feuer und Flamme für diese Idee und krempelten spontan die Ärmel hoch – nach dem Motto: **„Nicken Sie nicht, tun Sie was!"**

Zunächst wurden Kinder aus den verstrahlten Gebieten nach Niedersachsen und Buxtehude eingeladen. Diese Aktion begann 1992 und seit den Anfängen kamen etwa 500 Gastkinder in unsere Stadt und deren Umgebung, meistens für 4 Wochen.

Aus solchen Aktionen haben sich enge Kontakte und Freundschaften zwischen Buxtehudern und den Weißrussen entwickelt.

Das Dietrich-Bonhoeffer-Haus verwandelte sich binnen weniger Wochen in ein seltsames Postamt. Hier wurden jetzt von Gemeindehelfern tausende Pakete liebevoll gepackt, gewogen und beschriftet. In ihnen befanden sich Nahrungsmittel, Kleidung, Medikamente und auch Spielsachen – alles unverstrahlt.

Beim ersten Hilfstransport nach Gomel – das liegt genau 1750 Kilometer von Buxtehude entfernt und 120 Kilometer dicht an Tschernobyl – entstand die Idee, Patenschaften für die Tschernobyl-Kinder zu suchen. Für nur 11 Euro im Monat kann man so eine Patenschaft übernehmen. Für das Geld werden vor allem Medikamente für die weißrussischen Familien gekauft. Bis heute haben sich etwa 300 Menschen in Buxtehude und Umgebung bereit erklärt, diesen verstrahlten Kindern zu helfen.

Aber die Patenschaften beschränkten sich nicht nur auf Buxtehude. Da erzählte man Freunden in Bayer davon und schon wollten die auch mitmachen.

Die große Hilfsbereitschaft rührt vor allem von den Fahrten nach Gomel, die von Buxtehude aus regelmäßig durchgeführt werden. Die Gades haben schon ein Dutzend solcher Fahrten organisiert und begleitet.

Pastor Hans-Otto Gade erzählt:

„Es macht schließlich einen Unterschied, im Fernsehen leukämiekranke Kinder zu sehen oder selbst am Bett so eines Menschen zu sitzen. Und genau so macht es einen gewaltigen Unterschied, im Fernsehen ein verstrahltes, evakuiertes Dorf zu sehen, oder selbst zwischen den Trümmern von Bartholomevka zu stehen und mit den todgeweihten Menschen zu sprechen."

Dazu kommen die ganz persönlichen Kontakte, die den Helfern oft Tränen in ihre Augen treiben, wenn die Russen sagen: „Unsere eigene Regierung hat uns vergessen, aber ihr in Buxtehude denkt an Gomel. Zwischen uns wird nie mehr Hass sein; nie wieder Krieg!"

Pastor Gade fährt fort:

„Da fragt mich die Chefärztin der Leukämieabteilung, ob ich nicht 300 US $ für sie habe, dann könne sie die Behandlung für ein Kind fortsetzen. Sonst müsse sie abbrechen und die zur Zeit sehr guten Aussichten für dieses Kind seien dahin. Und dann ziehe ich 300 US $ aus der Tasche, drücke der überarbeiteten Frau das Geld in die Hand und sehe, wie der Ärztin Tränen in die Augen steigen. Der Chefarzt der Klinik empfängt uns spontan wegen dieser schnellen Hilfe und ich bin froh, dass ich nicht der Mutter der Kindes begegnen muss, dem wir eben ein Stück Leben geschenkt haben."

Nach einer Pause sagt der Pastor:

„Tschernobyl hat nicht zuletzt Menschen in Deutschland, in Niedersachsen, in Buxtehude und Umgebung zusammengeführt, die einander sonst nicht gekannt hätten. In unserer Aktion arbeiten Menschen mit, die aus unterschiedlichsten Motivationen heraus helfen wollen: Evangelische und katholische Christen, Menschen, die der Kirche schon lange den Rücken gekehrt haben, Frauen, Männer, Kinder, Jugendliche, die alle nur von dem einen Gedanken erfüllt sind, den Opfern dieser Katastrophe zu helfen."

Die einen helfen in Polen, die anderen in der Ukraine – so sind sie, die Bürger unserer lebenswerten Stadt.

Kinder aus Tschernobyl verbringen in Buxtehude unbeschwerte Ferien.

Den jungen Kirdel wüllt we hier nich hebben

Helmut Schmidt war zu jung für Buxtehude

Lina Meyer war eine Buxtehuder Politikerin mit ihrem Herzen am rechten Fleck und ohne Furcht und Respekt vor „großen Tieren". Sie hat unserer Stadt den noch jungen Helmut Schmidt vom Hals gehalten. Aber dafür wurde sie 1953 nicht mit dem Bundesverdienstkreuz ausgezeichnet, sondern weil die überzeugte Sozialdemokratin Zeit ihres Lebens zum Wohle der Allgemeinheit gewirkt und gearbeitet hat. Lina Meyer wurde bereits in den 20er-Jahren Mitglied der Buxtehuder SPD und rückte 1933 in die Stadtvertretung ihrer Partei auf. Die NS-Machthaber entzogen der resoluten Frau das Mandat und suchten in ihrem Haus nach der Fahne des SPD-Ortsvereins, fanden aber nichts. Wie sollten sie auch? Die Fahne hatte Lina Meyer längst in eine leere Konservendose gesteckt und von ihrem Mann im Stall einmauern lassen. Das alles ist aber nur die Vorgeschichte zu einer Anekdote um Helmut Schmidt und Lina Meyer.

Anfang der Fünfzigerjahre hatte Lina Meyer den Buxtehuder Wahlkampf ihrer Partei zu führen und als die Hamburger Genossen ihr den jungen Helmut Schmidt als Redner schickten, entschied die Frau: „Den jungen Kirdel wüllt we hier nich hebben, den schickt man na Apens! Wat versteiht de denn all von Politik."

Helmut Schmidt setzte sich nach diesem Rauswurf in sein klapperiges Vorkriegsauto und fuhr sechs Kilometer weiter in die Provinz, um den verblüfften Apenseners eine flammende und gut formulierte Wahlrede zu halten – sehr zum Verdruss der Opposition, die über so einen Wahlkampf nur staunen konnten.

Niemand ahnte damals, dass dieser junge „Kirdel" schon sehr bald den vielsagenden Beinahmen „Schmidt-Schnauze" bekommen sollte, und zwar wegen der so guten Rhetorik und den niveauvollen Inhalten seiner politischen Ansprachen.

Lina Meyer hatte ihren Fehler auch sehr bald wohl erkannt, aber doch nicht richtig zugegeben. Sicher nagte der peinliche Vorfall an ihrer politischen Seele.

Im Jahr 1969 galt es wieder Wahlen in Buxtehude zu gewinnen. Deshalb kam am 9. September der Vorsitzende der SPD-Bundestagsfraktion in die Estestadt. Das war Helmut Schmidt, jetzt allerdings überall bekannt und beliebt.

Bürgermeister Paul Stannelle empfing den hohen Gast aus Bonn im altehrwürdigen Rathaussaal und begann nach den allgemeinen Begrüßungsfloskeln ein Gespräch über den ehemaligen SPD-Bezirk Hamburg-Nordmark, der gleich nach dem Krieg bis in den Stader Raum reichte und auch Buxtehude einbezogen hatte.

Helmut Schmidt konnte da sehr gut mitreden. Nur Lina Meyer saß stumm und teilnahmslos in der Runde – bis sie sich schließlich zu Wort meldete:

„Ich hab' da was zu beichten. Als du vor vielen Jahren in der ‚Hohen Luft' reden solltest, hab' ich dich nach Apensen weitergeschickt. Kannst du mir das verzeihen?"

Lina Meyer (1895–1980) stellte sich viele Jahre in den Dienst der Schwachen unserer Gesellschaft. 1953 wurde sie mit dem Bundesverdienstkreuz ausgezeichnet.

Der „junge Kerl" von damals wusste zu diesem Zeitpunkt noch nicht, dass er schon bald Willy Brandt als Bundeskanzler ablösen sollte, aber er erinnerte sich sehr gut an seinen Auftritt in dem schönen kleinen Dorf Apensen – und er verzieh Lina Meyer auf der Stelle.

Für die SPD-Frontfrau, sie verstarb 1980, war die politische Welt wieder in Ordnung und der Himmel über Buxtehude endlich blau.

Das etwas anrüchige Märchen vom Buxtehuder Schmied

Selbst Ludwig Erhard kannte ihn

Buxtehude präsentiert sich gerne als Märchenstadt. In aller Welt kennt man die Geschichte vom Wettlauf zwischen Hase und Igel. Viele Menschen wissen auch, dass in Buxtehude die Hunde mit dem Schwanze bellen.

Aber das Schmiedemärchen ist anders gestrickt. Es wird in Männerkreisen erzählt und Rolf Eberstein, ein Nachfahre der besagten Schmiededynastie, erinnert sich, dass seine Omas und Tanten sofort ihren Zeigefinger an die Lippen rissen und ein erschrockenes und sehr lang gezogenes „Pssst!" ausstießen, sobald die Rede auf die frühere Schmiedekunst der Ebersteins kam.

Dann flüsterten sie hinter vorgehaltener Hand: „Die Kinder dürfen das nicht hören."

Aber die wussten – natürlich – längst bestens Bescheid und kannten sich aus. Oder war das am Ende gar kein Märchen, sondern eine edle Kunst, müde Männer wieder munter zu machen?

Auf jeden Fall hatten sich die genialen Künste des Schmiedes Eberstein, einen erlahmten Penis mit Hammer und Amboss wieder zu härten, im weiten Land rumgesprochen. Bis zum 500 Kilometer entfernten Bonn!

Im Frühjahr 1952 kam unser damaliger Wirtschaftsminister Ludwig Erhard durch Buxtehude. Als der große Wirtschaftsweise das Ortsschild las, wies er seinen Fahrer an, hier zu rasten und nach dem Ratskeller zu fragen. Dort wollte der Minister mit Frau und Tochter zu Mittag essen. Und während die hohen Gäste speisten und von dem schnell herbeigerufenen Stadtdirektor Walter Peper ehrfurchtsvoll begrüßt wurden, stellte der Wirt seinem prominenten Besucher das beliebte und berüchtigte Attestatum aus.

Diese Urkunde belegte, dass der „Vorstahlmeister Christian Eberstein" den Namensträger erfolgreich behandelt hatte. Im Kopf der Urkunde waren das Wap-

Diese Postkarte wurde in den Zwanzigerjahren gerne aus Buxtehude verschickt.

pen der Stadt Buxtehude und ein Fantasiesiegel abgedruckt, in dem ein Schmied mit seinem Hammer ein männliches Glied auf dem Amboss bearbeitete. Um den Schmied standen kreisförmig die Worte: BESSERE DICH – BOCHS DEHUDE.

Solche Buxtehuder Schmiedetradition ist viel älter als der Erhardbesuch. Christian Eberstein lebte und arbeitete um 1900. Das Attestat hatte er ursprünglich nur in seiner Werkstatt in der Breiten Straße Nr. 5 nach der Behandlung ausgegeben. Der Wunderheiler befahl seinen Patienten:

„Nu legg di'n op den Amboss dol,
ick klopp die wedder rund!
Und denn, min Sohn, denn büst du wedder gesund!"

Nach diesen Worten folgten drei symbolische Schläge auf den Amboss, begleitet von diesem Spruch:

„Bi'n ersten Slag krist nee'e Kraft,
Bi'n tweeten de Bewährung,
Bi'n drütten krist du ne'n Saft,
Denn hest du de Bescherung."

Rolf Eberstein, ein Nachfahre des Buxtehuder Schmiedes, besitzt den geheimnisvollen Glaspokal.

Nach solcher „Behandlung" musste der „Geheilte" einen geheimnisvollen Trunk aus dem historischen Glaspokal trinken. Der Pokal stammt vermutlich aus dem Jahr 1542. Die Zahl ist sauber in das Kristall eingeschliffen. Was da genau getrunken wurde, ist unklar. Aber der Buxtehuder Kaufmann Dieter Stackmann weiß, dass sein Großvater Carl Stackmann, einst Wirt des Schützenhofes, von 1921 bis 1930 einen 40-prozentigen Korn mit dem anspruchsvollen Namen „Buxtehuder Stahltropfen" verkauft hat. Der geheimnisvolle Kristallportal befindet sich noch heute – wie kann das anders sein – im Besitz von Rolf Eberstein. *Ob* und *was* er daraus trinkt, wollte er nicht verraten.

Nachdem der Schmied Christian Eberstein in den wohlverdienten Ruhestand gegangen war, haben die Wirte vom Schützenhof und vom Ratskeller – und vielleicht auch andere – die Tradition der Urkundenvergabe fortgesetzt und ihren Kunden fleißig Attestate auch ohne Schmiedezeremonie aufgeschwatzt.

So wie Ludwig Erhard im Jahr 1952.

Natürlich war das Klamauk pur und die praktische Wirkung für den Patienten ein Märchen. Oder war es ganz einfach nur ein tolles Geschäft, den Kunden teure Urkunden zu verkaufen, die zeitweise sogar vom Buxtehuder Bürgermeister unterschrieben und mit einem Siegel versehen wurden?

Heute wissen wir, dass hinter dem Buxtehuder Schmied mehr steckte als die beschriebene Zeremonie und das schön gestaltete Attestatum.

In jener Zeit gab es noch keine Tierärzte. Schmiede halfen kranken Pferden mit sogenannten „Rosskuren". Sicher haben Schmiede ihre „medizinischen" Künste auch bei Menschen praktiziert. So soll der Schmied Eberstein seinen Patienten eine „Graue Salbe" gegen die Franzosenkrankheit gegeben haben. Franzosenkrankheit nannte man die Syphilis. Diese „Graue Salbe" enthielt Quecksilber.

Andere Heimatforscher wollen wissen, dass der Buxtehuder Schmied mit Jorimbin gehandelt und „geheilt“ hat. Jorimbin stammte aus der ehemaligen deutschen Kolonie Kamerun, regte Herz und Kreislauf an und stärkte die Potenz. In der Kolonie hatten Tropenärzte beobachtet, dass Häuptlinge als wirksames Anregungsmittel einen Sud aus der Rinde von westafrikanischen Bäumen tranken. Das war Jorimbe-Tee und der wirkt wie eine Droge.

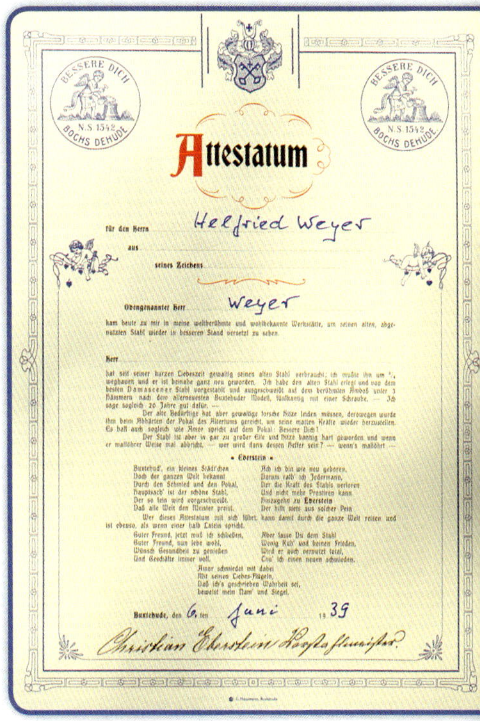

Bessere Dich
N.S. 1542
Bochs Dehude

Attestatum

für den Herrn Helfried Weyer

aus

seines Zeichens

Obengenannter Herr Weyer

kam heute zu mir in meine weltberühmte und wohlbekannte Werkstätte, um seinen alten, abgenutzten Stahl wieder in besseren Stand versetzt zu sehen.

Herr

hat seit seiner kurzen Lebeszeit gewaltig seinen alten Stahl verbraucht; ich mußte ihm um ¾ wegbauen und er ist beinahe ganz neu geworden. Ich habe den alten Stahl erlegt und von dem besten Damascener Stahl vorgestahlt und ausgeschweißt auf dem berühmten Amboß unter 3 Hämmern nach dem allerneuesten Buxtehuder Modell, fünfkantig mit einer Schraube. — Ich sage sogleich 20 Jahre gut dafür. —

Der alte Bedürftige hat aber gewaltige forsche Hitze leiden müssen, derowegen wurde ihm beim Abhärten der Pokal des Altertums gereicht, um seine matten Kräfte wieder herzustellen. Es half auch sogleich wie Amor spricht auf dem Pokal: Bessere Dich!

Der Stahl ist aber in gar zu großer Eile und Hitze bannig hart geworden und wenn er malöhrer Weise mal abbricht, — wer wird dann dessen Helfer sein? — wenn's malöhrt —

• Eberstein •

Buxtehud', ein kleines Städtchen
Doch der ganzen Welt bekannt
Durch den Schmied und den Pokal,
Hauptsach' ist der schöne Stahl,
Der so fein wird vorgeschweißt,
Daß alle Welt den Meister preist.

Ach ich bin wie neu geboren,
Darum rath' ich Jedermann,
Der die Kraft des Stahls verloren
Und nicht mehr Prestiren kann
Hinzugehn zu Eberstein
Der hilft stets aus solcher Pein

Wer dieses Attestatum mit sich führt, kann damit durch die ganze Welt reisen und ist ebenso, als wenn einer halb Latein spricht.

Guter Freund, jetzt muß ich schließen,
Guter Freund, nun lebe wohl,
Wünsch Gesundheit zu genießen
Und Geschäfte immer voll.

Aber lasse Du dem Stahl
Wenig Ruh' und keinen Frieden,
Wird er auch vernutzt total,
Thu' ich einen neuen schmieden.

Amor schmiedet mit dabei
Mit seinen Liebes-Flügeln,
Daß ich's geschrieben Wahrheit sei,
beweist mein Nam' und Siegel.

Buxtehude, den 6. ten Juni 1939

Christian Eberstein

Das berühmte Attestatum gibt es bis heute bei der Druckerei C. Hausmann, die das Kunstwerk auch entworfen hat.

Ein naher Verwandter des Buxtehuder Schmiedes, Johann August Wilhelm Gurlitt, handelte in Hamburg mit „Altonaer Kron-Wunder-Essenz“, „Lebensbalsam“, „Bischofsextrakt“ und anderen Wundermitteln. Er hat mit diesen „Arzneien“ auch seinen Schwager Christian Eberstein in Buxtehude beliefert. Vielleicht haben diese Medikamente ja wirklich manchen Männern geholfen.

Oder die Kunden sogar verjüngt? Die Altländerin Alice Osse-Gosch hat aus dem Buxtehuder Schmied eine „Jungmöhl“ gemacht und erzählt von einem Bauernsohn, der sich vor der Hofübernahme noch etwas in der Welt umsehen wollte. Vorher riet er seinen betagten Eltern zu einer Fahrt nach Buxtehude zum berühmten Schmied, damit Vater und Mutter die Zeit seiner Abwesenheit verjüngt und sexuell aktiv besser überstehen könnten. Bei der Rückkehr fand der Sohn seine Mutter als junges Mädchen vor, sie saß vor einer Wiege mit einem kleinen Kind und beantwortete den fragenden Blick des Heimkehrers so:

Dat is Vader, den hebbt se in Buxtehude ganz verpfuscht.

Ob Stärkung oder Verjüngung in der Schmiede möglich waren, weiß niemand so genau. Nur – wenn Glaube Berge versetzt, dann kann er mit Sicherheit auch Manneskraft auf einem Amboss stählen!

Der Handball-Krimi

... und mittendrin eine Holländerin

„Ich möchte einmal Hollands beste Torhüterin beim Handball werden!" Diesen Satz schrieb Debbie Klijn mit ungelenker Kinderschrift in das Poesiealbum ihrer Freundin, als sie fünf Jahre jung war. Andere Mädchen möchten in diesem Alter Prinzessin werden oder gleich Königin. Die kleine Debbie aber träumte von dem, was sie heute ist.

„Es war das erwartete Spitzenspiel des Zweiten gegen den Dritten in der Bundesliga. In der zweiten Halbzeit führte Leverkusen nach 36 Minuten mit 16:13. Aber eine ließ sich davon nicht beeindrucken: Debbie Klijn im Buxtehuder Tor.

Der BSV wankte, aber fiel nicht. In der 48. Minute stand es nur noch 18:17. Dann warf Friederike Lütz ein rotzfreches Tor. Ausgleich! Die Halle tobte, jetzt wankte Leverkusen.

84 Sekunden vor Schluss – es stand 24:22 – grenzenloser Jubel in der Halle. Dann Entsetzen, denn Leverkusen bekam mit einem Strafwurf erneut die Chance zum Anschluss. In der Halle hielt es keinen mehr auf seinem Platz, schon gar nicht nach der Reaktion von Debbie Klijn, die den Strafwurf hielt.

Schließlich waren 1700 Zuschauer schier aus dem Häuschen und feierten einen verdienten 25:23-Sieg gegen Bayer Leverkusen."

So und immer ähnlich dramatisch schreibt Wolfgang Stephan, Chefredakteur beim Buxtehuder Tageblatt, regelmäßig über eine kleine Gruppe großer Mädchen, die Buxtehude zu einer bedeutenden Handballstadt gemacht hat. Weit über 1000 begeisterte Sportfans, mit Pfeifen, Rasseln und Trommeln bewaffnet, pilgern zu allen Spielen der Handball-Frauen des traditionsreichen Buxtehuder Sportvereins, der bereits1912 gegründet wurde.

Seit der Saison 1989/90 spielt unsere Mannschaft ununterbrochen in der ersten Handball-Bundesliga der Frauen. 1994 gewann der BSV den *City Cup* und wurde 2003 deutscher Vizemeister. Das DHB-Pokal-Finale erreichten die Damen 1990,

1996 und 2007 und 2002 sogar das Europa-Cup-Finale. Der ganz große Sieg – den *Challange-Cup der European Handball Federation* – gewannen die Buxtehuder 2010 durch einen 28 : 26-Sieg gegen Göppingen.

Auf jeden Fall gehören die so erfolgreichen und attraktiven Handball-Mädchen inzwischen zu Buxtehude wie Has' und Igel und der Hund, der mit dem Schwanze bellt.

Im BSV wechseln Trainer und Spieler, die treuen Fans aber bleiben. Manche Spielerinnen sind schon Stars, wenn sie kommen, andere werden es hier in unserer Stadt.

Debbie Klijn ist ein ganz besonderer Fall.

Die Handball-Torhüterin wird nach dieser Saison ihre Sportkarriere beenden und doch in Buxtehude – beziehungsweise ganz in der Nähe – bleiben, weil sie sich zwischen Kirschblüten, Fachwerk und holländischen Brücken richtig wohlfühlt.

Dieses Schild sagt allen Besuchern: Buxtehude ist Handballstadt.

Die erfolgreiche Torfrau wurde in Amsterdam geboren und begann auch in Holland ihre Handball-Laufbahn. Dann wechselte sie nach Deutschland zu jenem Verein, den sie in dem oben beschriebenen Spiel durch ihr ungewöhnliches Können „bestraft" hat – zu Bayer Leverkusen. Sie wurde in die holländische Nationalmannschaft berufen und bestritt dort 110 Länderspiele. 2005 erreichte ihre Mannschaft den 5. Platz in der Weltmeisterschaft. Nach Leverkusen wechselte Debbie Klijn zum *Frankfurter HC* und dann nach Norden zum *Tvis Holstebro* in Dänemark.

„Aber dort habe ich mich nicht wohlgefühlt, in Deutschland war das alles viel familiärer. Deshalb bin ich wieder zurückgekommen und beim BSV gelandet."

Seit 2006 steht sie nun im Buxtehuder Tor.

Debbie Klijn in ihrer neuen Wahlheimat, dem Alten Land, auf der „holländischen" Hogendiekbrücke.

„Wenn ich an Holland denke, dann bezeichne ich mein Geburtsland nicht unbedingt als mein Zuhause. Ich fühle mich inzwischen wirklich als Europäerin. Hier in Buxtehude habe ich mich nie als Ausländerin gefühlt, nicht einmal als Gast."

Kein Wunder, die junge Frau wohnt mit ihrem Lebenspartner gerade mal sechs Kilometer von Buxtehude entfernt im Alten Land – und das ist so holländisch geprägt, wie kein anderer deutscher Landstrich sonst.

 Debbie Klijn hat mich besucht.

Wir trinken heißen Kaffee und plaudern ganz ungezwungen, während die charmante Frau vom schönen Ausblick zu den Pferdekoppeln vor dem Estetal schwärmt:

„Wir wohnen im Alten Land ähnlich toll, vielleicht ist alles einen Tick holländischer; die Gräben, Deiche und Brücken."

Aber zurück zum Handball.

„Gab es hier beim BSV besonders lustige Episoden, die erzählenswert sind?"

Debbie überlegt kurz und antwortet:

„Lustig ist es eigentlich immer in so einer Mannschaft. Wir trainieren achtmal zwei Stunden pro Woche – und finden dabei auch noch Zeit zum Lachen. Aber wirklich lustig wird es immer nach einer anstrengenden Saison. Da fliegen wir alle zusammen für drei oder vier Tage nach Mallorca – und machen nur Party. Das tut richtig gut, auch für das ganz persönliche Kennenlernen untereinander.

Aber ich könnte von dramatischen Ereignissen erzählen. 2009 fuhren wir zu einem wichtigen Spiel nach Nürnberg und blieben kurz vor dem Ziel mit unserem Bus hoffnungslos im Stau stecken. Daraus wurde Stress pur. Unser Spiel sollte um 19.30 Uhr beginnen. Man kann so einen Termin am Abend höchstens um zwei Stunden schieben. 21.30 Uhr ist dann die letzte Chance für den Beginn. So sind die Regeln des Verbandes, weil irgendwann am späten Abend Kondition und Konzentration schwinden. Wir saßen ja schon 600 Kilometer lang im Bus – und jetzt seit zwei Stunden zusätzlich im Stau. Es folgte ein Anruf beim DHB und der sagte das Spiel ab. Wir drehten um und fuhren enttäuscht zurück nach Buxtehude."

„Und warum fahrt ihr nicht einen Tag früher so weite Strecken?"

„Weil wir keine Fußballprofis sind, sondern Handballfrauen. Da muss ganz anders gerechnet werden, wir schwimmen nicht im Geld. Bei uns haben die Spielerinnen neben dem Handball noch einen Beruf. Ich habe PR und Marketing studiert und arbeitete in diesem Beruf bei *Rotring Engineering*. Die liefern Brennstoffversorgungssysteme für Gasturbinen von Buxtehude in die ganze Welt und sind dabei Marktführer."

Renate, meine Frau, gießt neuen Kaffee ein und mischt sich in das Gespräch:

„Vor zwei Jahren bin ich so böse hingefallen, dass ich mir dabei das Handgelenk zertrümmert habe. Eine Torfrau wirft sich ständig auf den Hallenboden. Kann man fallen lernen?“

Debbie Klijn lacht: „Ja, man kann. Ich habe gelernt zu fallen. Wenn es mal weh getan hat, dann habe ich gedacht, du hast einen Fehler gemacht, du musst anders fallen. So hab' ich meine eigene Technik aus Erfahrung entwickelt. Blaue Flecken kenne ich schon lange nicht mehr.“

„Und morgen spielt ihr wieder gegen Göppingen. Der Krimi geht also weiter. Wer wird gewinnen?“

„Wir! So muss eine Spielerin immer denken, sonst wäre sie nicht gut.“

Natürlich hat Buxtehude gewonnen: 31 : 27.

Und Wolfgang Stephan schrieb dazu: *„Zwei Punkte, zweiter Tabellenplatz – bei den Handballerin des BSV war die Welt am Sonnabend wieder in Ordnung.“*

Buxtehude träumt von einer neuen, großen Sportarena, speziell zugeschnitten auf die Bundesligaspiele der so erfolgreichen Handball-Damen. Die bow Ingenieure GmbH hat diesen Entwurf geliefert.

Diese Vision ist keine Träumerei

von Wolfgang Stephan

Was auf den ersten Blick wie eine Fantasie von Handball-Fantasten klingt, erschließt sich bei genauerem Hinsehen als ein kühner Plan von Unternehmern, die in der Vergangenheit bewiesen haben, dass sie mit ihren Visionen Erfolg haben. Wer, wie Helmut Ponath, aus einer gemieteten Grundschule in Buxtehude heraus eine der größten europäischen Reedereien aufbaut, dem ist ohne Zweifel zuzutrauen, dass er auch die Vision einer Sport-Arena realisieren kann. Mit Michael Schmidt und der Sparkasse Harburg-Buxtehude sind weitere Partner im Boot, denen ebenfalls viel zuzutrauen ist.

Nicht alles, und da wird die Sache interessant. Wichtig ist: Die Initiatoren wollen kein Geld von der Stadt. Das wäre in Zeiten leerer Kassen auch nicht angebracht. Dass die Stadt das Grundstück zur Verfügung stellen muss, ist kein Problem, die gewünschte städtische Erschließung schon eher. Aber: Die Erschließung eröffnet dem Sport in Buxtehude wieder neue Chancen auf eine Sportanlage an der Apensener Straße, die seit Jahren versprochen ist, aber auf Eis liegt.

Ein guter Plan, keine Frage. Aber für die Umsetzung reicht das Engagement der Ideengeber und Investoren nicht, denn alleine werden sie die Arena nicht wuppen können. Das ist ein Projekt, das nur funktioniert, wenn sich der Bürgermeister an die Spitze stellt und eine Bewegung entfacht, die es so lange in Buxtehude nicht mehr gegeben hat. Es wäre im Sinne des Gemeinwohls geradezu fahrlässig, auf das Engagement privater Mäzene zu verzichten. Doch wenn es eine Stadt schafft, eine von der Landesregierung zum Tode verurteilte Fachhochschule zu retten, muss es auch möglich sein, eine Vision zu realisieren, die dem Sport in der ganzen Stadt zugutekommt, nicht nur dem Spitzenhandball.

Fakten der Sport-Arena: Investitionssumme: 8 bis 10 Millionen €, rund 2000 Sitzplätze, Trainingshalle 400 Quadratmeter, Nordtribüne 700 Sitzplätze, Südtribüne 1000 Sitzplätze, Ausschank und mehr.

Bullenauftrieb im Rathaus

Der Buxtehuder Bulle lockt Autoren aus aller Welt

Siebenunddreißig Stufen muss man hochsteigen, um den altehrwürdigen Rathaussaal zu erreichen. Der Architekt Alfred Sasse hat dieses schöne Rathaus aus roten Klinkersteinen im Jahr 1913 gebaut und die Treppenstufen für Ratsherren und Bürger besonders breit und bequem angelegt. Als ein junger Bulle diese Stufen im Jahr 1980 in Angriff nahm, war das ein Sonderfall, der bis heute einmalig blieb.

Nun wissen alle Bürger dieser Stadt, dass der Buchhändler Winfried Ziemann 1971 den renommierten deutschen Literaturpreis für Jugendbücher, den Buxtehuder Bullen, eingeführt hat. Den Bullen fand der Kulturmäzen in dem jungen Stier Ferdinand. Der weigerte sich, die Stierkampfarena in Madrid zu betreten und musste schließlich von den Picadores wieder auf seine geliebte grüne Wiese zurückgebracht werden. Der Amerikaner Munro Leaf hat diese Geschichte zu dem rührenden Kinderbuch *The Story of Ferdinand* verarbeitet.

Der Buxtehuder Bildhauer Reinhard Güthling entwarf eine moderne Stahlplastik des Bullen, die den Preisträgern zusammen mit einem beachtlichen Geldbetrag einmal jährlich übergeben wird. Den Preisträger ermittelt eine Jury aus elf jugendlichen Lesern und elf Erwachsenen. Natürlich übernahm der Vater dieser Idee, jener Buchhändler Winfried Ziemann, die Verleihung an den jeweils siegreichen Schriftsteller höchstpersönlich. So geschah das seit 1971 und so sollte das auch 1981 sein. Aber da kam der eingangs erwähnte lebendige Bulle dazwischen.

Winfried Ziemann hatte einer Freundin den Laufpass gegeben. Aber die besagte Dame wollte so schnell nicht aufgeben und ihren Buchhändler mit einem ganz besonderen Geschenk überraschen – und wohl auch zurückgewinnen. Das ging aber leider voll daneben!

Ihr Plan war es, Winfried Ziemann unmittelbar nach der 10. Preisverleihung an den Schriftsteller Hermann Vinke für sein Buch *„Das kurze Leben der Sophie Scholl“* einen lebendigen Bullen zu schenken. Das gut einjährige Tier bestellte die Dame beim Schlachter Klaus Wiersbitzki und blätterte dafür 2000 DM auf den Ladentisch.

Den jungen Bullen fand der tüchtige Schlachtermeister in Sauensiek. Aber damit stand das Tier noch lange nicht vor dem Rathaussaal. Klaus Wiersbitzki hatte einen Gehilfen, und zu zweit sollte das zu schaffen sein. Zunächst wurde der Bulle rathausfein gesäubert und bekam einen glänzenden Lorbeerkranz umgehängt.

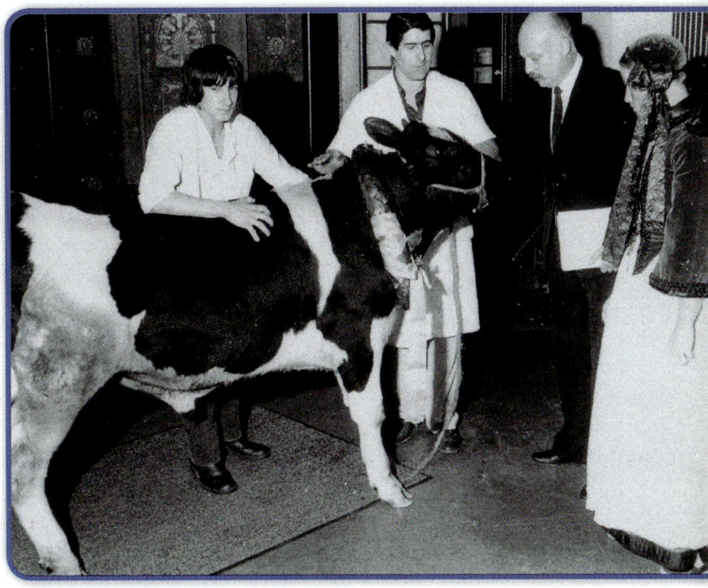

Dieses historische Bild vom lebenden Bullen im Rathaus schoss Martin Jank. Sein fotografischer Nachlass befindet sich heute im Buxtehuder Stadtarchiv.

Was, wenn der Bulle im vornehmen Rathaus unruhig würde und einfach nicht mitspielen wollte? Dann müsste man ihm eine Beruhigungsspritze verpassen. Vorsorglich informierte der Schlachter den Tierarzt Dr. Hartwig Sulzer, der versprach, im Notfall in wenigen Minuten vor Ort zu sein.

Die Preisverleihung hatte längst begonnen, da setzte der Bulle seinen ersten Fuß auf die Treppenstufen des Rathauses. Klaus Wiersbitzki zog das Tier während Schlachtergehilfe Viet hinten so kräftig schob, wie das nur ein Schlachter kann. Langsam erklomm das Trio Stufe um Stufe. Vor der Rathaussaaltür hatten die „Cowboys" vorher alle wertvollen Teppiche in Sicherheit gebracht. Die Dame, der das Spektakel zu verdanken war, strahlte, als ihr 400 Kilogramm schweres Geschenk endlich den Übergabeplatz erreicht hatte und auf den neuen Besitzer wartete. Der Lorbeerkranz schien dem Bullen auch zu gefallen.

Die Lobreden im Saal, die mal dem Preisträger galten und dann wieder dem Preisstifter, nahmen einfach kein Ende und der Schlachter sah erst fragend auf die Uhr, dann auf die etwas nervöse Dame und schließlich auf den Jungbullen. Die da drinnen waren längst überfällig. Noch hatte sich der Bulle rathausrein benommen, aber wie lange ging das noch gut? Vorsorglich schickte Klaus Wiersbitzki seinen

Gehilfen Viet zum nächsten Bäcker in die Breite Straße und ließ dort einen Tortenkarton holen – für alle Fälle.

45 lange Minuten vergingen. Applaus kündigte im Saal das Ende der Veranstaltung an, die ja – draußen vor dem Ratssaal – gleich wieder neu beginnen sollte. Die schwere Holztür wurde geöffnet und Winfried Ziemann trat heraus – direkt vor den verblüfften Bullen. Es ist nicht klar überliefert, wen der ehrenvolle Buchhändler zuerst sah, das zufrieden grunzende Tier oder seine verflossene Freundin. Wir wissen nur, dass der gestresste Mann das so gut gemeinte Geschenk anstarrte … und ablehnte. Auch für den schönen Lorbeerkranz konnte er sich nicht erwärmen. Nur die nachfolgenden Gäste – einschließlich Bürgermeister – freuten sich und klatschten Beifall. Der Bulle benahm sich vorbildlich, der Tortenkarton kam nicht zum Einsatz. Sicher wusste er den Ort zu schätzen.

Trotzdem wurde das brave Tier noch am gleichen Abend in das Schlachthaus des Meisters im Danziger Weg getrieben.

Klaus Wiersbitzki erinnert sich: „Am nächsten Morgen rief ich in der Buchhandlung an und fragte, ob das fein zerlegte Tier jetzt geliefert werden darf. Es durfte nicht, Winfried Ziehmann wollte kein Stück davon haben. Mehr Glück hatte ich bei der Dame, die alles angezettelt und ja auch bezahlt hatte. Sie wünschte sich 20 feine Bullensteaks. Den Rest sollte ich verkaufen."

Winfried Ziemann, der Vater des Buxtehuder Bullen, starb im November 2010. Bereits 1981 hatte die Stadt die Trägerschaft für den Literaturpreis übernommen.

Klaus Wiersbitzki erzählt die Geschichte vom lebendigen Bullen gerne, wenn er bei den Bundesligaspielen der Buxtehuder Handball-Mädchen regelmäßig seine guten Würstchen verkauft.

Nur der Name der verschmähten Dame wird dabei nicht verraten – er ist schließlich ein ostpreußischer Gentleman.

Max Schmeling blieb lieber draußen

Die Geschichte eines ungewöhnlichen Modehauses

Wer heute bei Stackmann einkauft und auf 12000 hell erleuchteten Quadratmetern alles findet, was Damen, Herren und Kinder, Sportler, Outdoor-Freaks und Bücherwürmer begehren, der ahnt nicht, dass er sich im Herzen unserer historischen Altstadt mit Fachwerk, schiefen Mauern und engen Gassen befindet. Hier haben Stürme Dächer abgedeckt, Elbwasser überflutete Keller und Feuersbrünste legten ganz Häuserblöcke in Schutt und Asche.

Wo Rolltreppen und Fahrstühle täglich tausende Menschen zum Weihnachtsshopping, Sommerschlussverkauf, Buchvorstellungen oder Modeschauen bringen, wurde einst Schnaps gebrannt und das nur in Buxtehude gebraute Bier *Raminah* ausgeschenkt. Außerdem handelte man hier mit Tabak, Korn und Fetten.

Heute hat sich das beliebte Modehaus mit einer durchgehenden Fassade vom Feuergang bis zur Deutschen Bank und im hinteren Bereich an den Ostviver ausgebreitet. Dazu kommt noch das separate Sportgeschäft, ebenfalls in der Langen Straße.

Stackmann ist *der* Altstadtmagnet für Kunden aus Buxtehude und dem Umland – weil es zu keiner Kaufhauskette gehört und seit über 100 Jahren als Familienbetrieb geführt wird. Das lieben die Menschen, deshalb kommen sie sogar aus Hamburg zum Einkauf in die Provinz – beziehungsweise an die Este.

Der Kaufmann Gerhard Heinrich Stackmann stammte aus Tyske bei Syke und wollte im Jahr 1844 nach Amerika auswandern, um dort sein Glück zu versuchen.

Er machte es dann aber diesseits des großen Teiches – an der Este. Das USA-Ticket schon in der Tasche, verliebte sich der Mann in ein Buxtehuder Mädchen und hörte vom anstehenden Verkauf des *Schützenhofes*. Das war ein besonders attraktives Lokal mit großem Tanzsaal im ersten Stock am Schützenhofweg.

Gerhard Heinrich Stackmann ließ Amerika und die schon bezahlten Schiffsfahrkarten sausen und kam nach Buxtehude – um Wirt im *Schützenhof* zu werden und

Dieses Panorama zeigt die unterschiedlichen Stackmann-Fassaden aus den Jahren 1919, 1924 und 1934.

in ihm eine Schankwirtschaft mit Weingroßhandel zu betreiben. Stackmann war nicht arm, er konnte das repräsentative Stammlokal des Buxtehuder Schützenvereins mit Goldmark aus der eigenen Tasche bar bezahlen. Solche Bürger waren in der Stadt willkommen.

Neben dem Weinhandel schuf sich der Kaufmann ein zweites Standbein durch seinen Hefevertrieb. Es gab ja noch keine Backhilfen in Tüten und alle Bäcker der Umgebung brauchten dringend Hefe.

Der *Schützenhof* lag nur wenige Schritte vom Hafen entfernt. Dorthin brachten Schiffe aus Hamburg die schweren Weinfässer und Gerhard Heinrich Stackmann wartete nicht in Buxtehude auf Kundschaft, sondern belud pausenlos Pferdewagen mit Wein und Hefe und fuhr damit über die Dörfer zu den Bäckern und jenen Menschen, die guten Wein zu schätzen wussten. In diesem „Rumfahren“ liegt bereits der Schlüssel zum Erfolg der späteren Generationen.

Im Jahr 1919, unmittelbar nach dem Ersten Weltkrieg, gründete Ernst Stackmann – ein Enkel des ersten Schützenhofwirtes – ein kleines Manufaktur- und Modewarengeschäft in der Langen Straße. Dort hatte sich bis zu diesem Zeitpunkt ein Ausspann befunden, also ein Haus mit einem Raum zum Ausspannen und Versorgen der Pferde. Zusammen mit seiner tüchtigen Frau Else erweiterte

Ernst Stackmann sein Geschäft 1935 großzügig und setzte damit neue Maßstäbe für ein Modehaus in Buxtehude. Stackmann beschäftigte damals 50 Mitarbeiter. Das „Rumfahren" übernahm Ernst Stackmann vom Schützenhofwirt. Mit Pferd und Wagen besuchte er die umliegenden Dörfer und verkaufte Kurzwaren, Arbeitskleidung, Stoffe und Gardinen. Mit auf dem Wagen war immer ein Schneider, denn Anzüge von der Stange gab es kaum. Die Kunden wussten, dass Stackmann alle zwei Wochen bei ihnen vorbeikam. Da konnte man Neues kaufen und Änderungen in Auftrag geben. Dieser über Jahrzehnte gewachsene sehr persönliche Kundenkontakt zahlt sich bis heute aus.

Natürlich gab und gibt es in einem so großen Kaufhaus auch prominente Stammkunden. Der deutsche Box-Weltmeister im Schwergewicht Max Schmeling gehörte zu ihnen. Schmeling war mit der deutsch-tschechischen Filmschauspielerin Anny Ondra verheiratet und wohnte nach dem Krieg in Wenzendorf bei Hollenstedt. Die Familie Schmeling hatte im Hause Stackmann immer ihre persönliche Bedienung. Nur Schmeling selbst kam nie in das Geschäft. Er blieb immer draußen im Auto sitzen und schickte seine Frau Anny. Die suchte dann drei Anzüge aus und zeigte sie ihrem Mann auf der Straße. Einer sollte es dann sein. Die Anprobe erfolgte in Wenzendorf. Dort wurden auch Änderungen mit dem Schneider besprochen. Aber das war alles nicht so einfach. Stackmann schickte zum Besuch des Boxers den Fahrer mit einem Verkäufer und seinen Schneider nach Hollenstedt. Dort stieg man im *Hollenstedter Hof* ab und telefonierte mit Max Schmeling. Manchmal erwartete Schmeling die Stackmann-Truppe sofort nach dem Telefonat, an anderen Tagen auch erst Stunden oder Tage später. Ein leichter Kunde war Max Schmeling nie, eher ein echtes Schwergewicht. Dieser Mann kletterte für 70 Profikämpfe mutig in den Ring, dabei feierte er 56 Siege, 40 davon durch K.o. Zu Stackmann traute er sich aber nicht, da blieb er lieber draußen.

Nach dem Tod des Seniors 1969 übernahm Carl-Ernst Stackmann die Leitung des Hauses und feierte mit jetzt 300 Mitarbeitern das 50-jährige Firmenjubiläum.

Heute führt Dieter Stackmann das Buxtehuder Erfolgsunternehmen und bringt neue Ideen ein. So hat sein Haus 2008 Models für eine Modenschau aus dem eigenen Kundenkreis gesucht. 150 Amateure zwischen 35 und 75 Jahren hatten sich beworben. 40 Teilnehmerinnen wurden dann zwei Monate lang von Profis geschult

Das Has- und Igel-Denkmal stand viele Jahre vor dem alten Stadthaus. 2010 wurde es in die Fußgängerzone versetzt.

und durch Lauftraining und Styling auf das große Ereignis vorbereitet. Vor 120 total begeisterten Zuschauern präsentierten sie dann Stackmannmode vom Feinsten.

Oft fragen sich die Kunden aus Stadt und Land, warum sie so gerne in diesem Geschäft einkaufen?

Stackmann war und ist in Buxtehude einzigartig. Große Kaufhausketten, die ihr Firmenlogo genauso oft wechseln wie ihre Geschäftsführer, trauten sich nicht in unsere Stadt. Da gab es ja schon Stackmann – seit über 100 Jahren! Ob Seniorchef oder Junior, sie kannten immer ihre Mitarbeiter, oft sogar deren persönliche Probleme, und auch viele Kunden. Die Stackmanns suchten zu beiden den Kontakt und das Gespräch. Und sie liebten Buxtehude und das Ambiente dieser Märchenstadt. Stackmann wurde zum Hauptsponsor der Buxtehuder Handballdamen, auch das gefällt den Buxtehudern.

Aber die Zukunft wird anders aussehen. C&A und H&M stehen bereits in den Startlöchern und drängen nach Buxtehude. Dieter Stackmann freut sich auf die zusätzliche Belebung unserer Innenstadt.

„Jetzt sind *wir* der Magnet, die beiden großen Namen werden aber zusätzliche Zugpferde sein und neue Kunden in die Stadt locken. Und die gehen dann nicht nur zu C&A und H&M, sondern auch zu Stackmann. Hoffentlich bleibt mir dann auch noch etwas Zeit für meine große Leidenschaft, die Jagd. Sehr oft fahre ich früh zwischen 4 und 5 Uhr raus nach Wiegersen, Hedendorf oder Grundoldendorf, um frische Luft zu tanken, um Tiere zu beobachten und um einen freien Kopf zu bekommen. Um 9 Uhr bin ich dann wieder in meinem Stackmannbüro."

Die Erfolgsgeschichte des Modehauses ist noch nicht zu Ende. Neue Erweiterungspläne für insgesamt 16000 Quadratmeter Verkaufsfläche und 10 Prozent mehr Personal liegen schon fertig auf dem Tisch – und die Buxtehuder werden den Stackmanns die Treue halten – weil diese Familie zu unserer Stadt gehört.

Königsberger Fleck gibt es auch in Buxtehude

Die Bitter-Story

Das ist ein Genuss, das ist ein Vergnügen.
Da lass ich Wurst und Schinken liegen.
Schwärmt weiter nur für Eintopf, Brühwurst, Speck.
Ich bleib' bei meinem „Rinderfleck"!

Diesen Vers schrieb Karl Neumann zu einem Gericht, das es früher nur in Ostpreußen gab:

Gesäuberte, in Würfel geschnittene Rindermagen werden gewaschen und abgebrüht und dann mit viel klein gehacktem Wurzelwerk angesetzt. Langsam weich ziehen lassen, mit Salz und weißem Pfeffer abschmecken und mit viel geriebenem Majoran im Suppenteller anrichten.

So steht das Rezept in den Kochbüchern der Heimat von Klaus Bitter.

Der erfolgreiche Fleischermeister vom Westfleth erinnert sich noch gut an seine Kindheit in Zinten. Der kleine Ort liegt 30 km südlich von Königsberg. Bitters Vater betrieb dort seit 1923 eine eigene Fleischerei.1936 wurde Klaus Bitter geboren und noch als Kind hörte er von seiner Mutter, dass schon bald nach der Selbstständigkeit der Familie unbekannte Fremde kamen und große Geldsummen für Haus und Hof boten. Aber Vater und Mutter blieben standhaft. Obwohl der lockende Geldbetrag ständig erhöht wurde, hat die Familie nicht verkauft – und wenige Jahre später war das Geld nichts mehr wert! Diese frühe Lektion hat Klaus Bitter bis heute nicht vergessen. Und wenn ihm – wie viele Buxtehuder wissen – mehrere Häuser in der Altstadt gehören, dann kauft er sie, um historische Bausubstanzen zu erhalten, nicht um zu spekulieren. Dem Fleischermeister liegt unsere Altstadt und besonders das Westfleth am Herzen. So hat Klaus Bitter beispielsweise einen etwa zwei Quadratmeter großen Mauerrest in *Hoddows Gastwerk* in der Westfleth-Passage so in die Wandgestaltung einbezogen, dass dieses Steinstück heute wie eine schöne Dekoration aus dem Mittelalter wirkt, und den Pächtern Inga und Christoph Hoddow untersagt, Bilder an die betreffende Wand zu hängen.

Bürgermeister Jürgen Badur (l.) besuchte 2010 das traditionelle Fleckessen der Ostpreußischen Landsmannschaft und bekam von Klaus Bitter eine Dose Rinderfleck geschenkt.

Aber zurück nach Zinten. Im Winter 1945 drohte die russische Armee Ostpreußen zu überrollen. Am 5. Februar packte Familie Bitter einen Leiterwagen voll mit Habseligkeiten und spannte zwei Pferde davor. Vater, Mutter und Großeltern sowie Freunde – insgesamt zehn Personen – kletterten auf den Wagen oder liefen hinterher.

Nicht alle gingen damals auf die Flucht. Von den Familienmitgliedern, die in Zinten blieben, haben die Bitters nie wieder gehört.

Tausende machten sich auf den Weg nach Westen.

„Es ging höchstens 200 Meter vorwärts, dann stand unser Treck wieder", erinnert sich Klaus Bitter.

Bevor ihr Leiterwagen bei Leysuhnen auf das vereiste Haff abbog, zog ein Freund der Familie – er war lange Zeit Pächter des Königsberger Ratskellers – eine letzte Flasche Sekt aus den Vorräten und wollte auf die bis hierher geglückte Flucht anstoßen. In Tassen, die man auf Zaunpfählen abgestellt hatte. Da kam ein alter Kutscher und fragte sehr höflich, ob er wohl auch so einen köstlichen Schluck bekommen könne – für seine Herrin, die alleine im Fuhrwerk saß. Natürlich bekam der Mann *zwei* Tassen Sekt, für sich und für die dankbare Dame vom Gutshof.

Das Fleischerfachgeschäft Bitter am Westfleth wird von Kunden aus Buxtehude und einem weiten Umfeld gerne besucht.

Jetzt begann der schwerste Teil der Flucht. Die *Todesstraße* über die Nehrung nach Narmeln war markiert. In das Eis hatte man Löcher geschlagen und Tannenäste reingesteckt, die schnell einfroren. Die Eisdecke war 35 cm dick, auf ihr lag der Schnee 10 cm hoch. Aber das Eis brach immer wieder, Pferde und Menschen ertranken. Die Spuren auf dem Eis mussten ständig gewechselt werden. Schließlich wurde die Nehrung erreicht. Dort lag eine steile Böschung.

„Wir mussten alles abladen und jeweils vier Pferde vor einen Leiterwagen spannen. So zogen wir tagelang Wagen um Wagen vom Eis auf die feste Landzunge.

Nach Süden in Richtung Danzig war der Weg durch den russischen Kessel versperrt. Also fuhren wir wieder nach Norden. Nur in Pillau gab es vage Hoffnung auf ein Schiff. Jetzt lag rechts von uns das vereiste stille Haff und links rollten die

Bitter bietet Spezialitäten auch aus „fremden“ Landen an.

dunklen Wogen der Ostsee an die weiten Sandstrände. Die Bilder waren so eindrucksvoll, dass sie in meinem Kopf bis heute lebendig sind

Als wir den Hafen von Pillau erreichten, schossen die Russen mit ihren Maschinengewehren auf Boote und Flüchtlingstrecks. Dann bestiegen wir ein Schiff nach Swinemünde – natürlich hatten wir alle vom Untergang der *WILHELM GUSTLOFF* mit 9000 Toten gehört, die Katastrophe lag ja erst zwei Wochen zurück – aber eine andere Möglichkeit gab es nicht. Die Wagen ließen wir in Pillau stehen und die Pferde wurden freigelassen. Vermutlich haben die Russen sie Tage später erschossen – aus Hunger. Wir kamen ohne Feindberührung nach Swinemünde und konnten die Flucht mit den letzten Zügen und kleinstem Handgepäck bis nach Hannover fortsetzen.“

Dort hatte man die vielen ankommenden Flüchtlinge aufgeteilt. Die Bitters landeten in Moers, wo sie 1953 eine eigene Fleischerei aufmachten. Zum Schlachthof ging es damals mit Fahrrad und Anhänger. 1969 wollte Bitter die Fleischerei kaufen und nicht länger Pacht zahlen. Aber der Hausbesitzer wollte nicht. Vielleicht hatte er die gleiche Erfahrung gemacht, wie Mutter Bitter damals in Zinten. Klaus Bitter hatte inzwischen auf einer Fleischerfachschule in Bayern seine Meisterprüfung abgelegt und dachte nun an die völlige Selbstständigkeit, ohne Miet- und Pachtverträge.

„In dieser Zeit hatte ich einen sehr intensiven Traum: Ich ging aus meinem eigenen Haus und sah Wasser im Vordergrund und Wiesen dahinter! So stellte ich mir das Paradies vor. Meine Leidenschaft waren die Jagd und das Angeln. Und da passten Wasser und Wiesen hin."

Klaus Bitter gab eine Suchanzeige in seiner Fachzeitschrift auf und bekam promt 30 Angebote von Bad Reichenhall bis hinauf zum äußersten Norden. Viele Fleischer wollten ihre Betriebe verkaufen und schrieben an Bitter. Einer telefonierte sogar, das war die Schlachterfamilie Eberstein vom Westfleth. Dort war ein Sohn verunglückt und der zweite wollte Apotheker werden und keine Wurst verkaufen.

Der Süden kam nicht infrage, nur der Norden. In Zinten gab es das nahe Wasser mit Stränden und Kiefernwäldern und in Niedersachsen und Holstein lagen Nord- und Ostsee. Die Bitters fuhren zwei Tage lang kreuz und quer durch Norddeutschland und prüften alle angebotenen Objekte. Dann kamen sie nach Buxtehude. Klaus Bitter sah zum ersten Mal das Fleth und die alten Fachwerkhäuser. Schon von diesem Anblick begeistert ging der Mann durch das Haus und öffnete die Tür nach hinten – und da lag sein Traum unvermittelt vor ihm! Das Wasser des Vivers floss direkt an der Tür vorbei und dahinter lagen endlose Wiesen.

Dieser Anblick trieb dem Angler und Jäger fast Tränen in die Augen und es gab keine Diskussion mehr. Klaus Bitter hatte sein Paradies gefunden.

Nun kam es so, dass Klaus Bitter in den ersten Monaten noch zusammen mit Frau Eberstein im Laden stand und mit ihr zusammen die Kunden auf den Wechsel vorbereitete. Klaus Bitter wusste von seiner Meisterschule, wie man in Bayern Leberkäs' zubereitet und wollte so etwas Gutes in Buxtehude auch verkaufen.

Frau Eberstein protestierte: „Das kennt hier keiner, deshalb wird Leberkäs' in Buxtehude auch nicht verlangt."

Mit solchen Argumenten kann man einen ostpreußischen Dickschädel nicht überzeugen.

„Wenn das hier niemand kennt, probieren wir es einfach."

Klaus Bitter stellte eine große Werbetafel in sein Fenster, die Kunden kamen scharenweise aus dem gesamten Umland und sogar aus Hamburg, um in Buxtehude bayrischen Leberkäse zu kaufen! Zu dieser bayrischen Spezialität kam schon bald Weiße Bratwurst aus Schlesien. Auch die wurde schnell zum Hit.

Einmal hatte Klaus Bitter einen tüchtigen Gesellen aus Thüringen. Seit dieser Zeit sind seine Bratwürste nach Thüringer Art und die Weiße aus Schlesien ähnliche Renner wie der Leberkäs' aus Bayern. So funktioniert Multikulti in Buxtehude!

Georg Weyer, mein Vater, hatte nach dem Krieg die Ostpreußische Landsmannschaft in Buxtehude aufgebaut und pflegte mit ihr Brauchtum und auch Gaumenfreuden aus der verlorenen Heimat.

„Sag mal, du könntest doch Königsberger Fleck machen. Das kennt hier keiner, aber unsere Landsleute würden sich bestimmt freuen."

Klaus Bitter machte Rinderfleck und verkaufte über 500 Kilo-Dosen im Jahr. Heute, 40 Jahre später, sind es immer noch 150 Dosen Fleck, die Buxtehuder und Kunden aus ganz Norddeutschland bei Bitter bestellen. Die Landsmannschaft Ostpreußen, sie wird heute von meinem Bruder Wolfgang Weyer geführt, ist inzwischen von anfangs 500 Mitgliedern auf ein Fünftel geschrumpft. Aber einmal im Jahr gibt es in der *Hohen Luft* das traditionelle Fleckessen und beim Weihnachtsmarkt bietet der Ostpreußenstand Rinderfleck, ostpreußische Grütz- und Leberwurst, Schmandschinken und viele andere Spezialitäten an. All das kommt natürlich von Klaus Bitter.

Nach der Öffnung des russischen Teiles Ostpreußens fuhr Klaus Bitter zusammen mit seinem Sohn mehrfach mit Hilfslieferungen nach Zinten und der dortige russische Bürgermeister hat längst seinen neuen Freund hier in Buxtehude besucht und von der Estestadt genauso geschwärmt wie Klaus Bitter vor 40 Jahren.

Apfelsaft mit gutem Nachgeschmack

Unsere Welt braucht Menschen wie Else Klindtworth

„Die *Else und Heinrich Klindtworth-Stiftung* ist ein Segen für unsere Stadt", sagte Bürgermeister Jürgen Badur anlässlich der Eröffnung des Kulturforums am Hafen im Jahr 2008. „Hein Most" haben die Buxtehuder jenen Mann genannt, dem wir diesen Segen verdanken.

Nach dem Krieg sammelten wir Kinder in Buxtehude gerne Fallobst, zum Beispiel unter den Bäumen am Föhrenweg. Man kann auch nicht ausschließen, dass wir mal den einen oder anderen Apfel unerlaubt pflückten, damit der Korb schneller voll wurde. Unsere Beute brachten wir dann zu Hein Most und bekamen eine Flasche Apfelsaft dafür. Der war so köstlich, dass unsere Hamburger Verwandtschaft an den Wochenenden gerne zu Besuch kam und immer zuerst fragte: „Habt ihr noch Apfelsaft von Klindtworth?"

Heinrich Klindtworth wurde 1909 in Neuland geboren und ging nach seiner Buxtehuder Schulzeit zunächst bei einer Bank in die Lehre. Da er aus dem größten Obstgarten Deutschlands kam, lag die Idee auf der Hand, eine Mosterei aufzumachen. Die entstand in Hamburg und dort traf er auch seine spätere Frau Else. 1938 wurde Hochzeit gefeiert und 1943 legten Bomben die neue Firma Klindtworth in Schutt und Asche.

Aus dem Kriegsdienst entlassen, kehrten die Klindtworths 1944 nach Buxtehude zurück und gründeten in einem Hinterhaus mit kleinem Hof ihre zweite Mosterei. Das Ehepaar wohnte damals in einer umgebauten Garage. 1946 lief der erste Most *„Altländer Gold"* aus zwei aufgestellten Obstpressen und wurde so beliebt wie oben beschrieben.

Die Geschäfte gingen gut, weil sich Heinrich und Else als Unternehmer ideal ergänzten. Er hatte immer neue Ideen und sie brachte großen finanztechnischen Sachverstand in die Firma ein. Else Klindtworth wurde zur Seele aller Betriebe ihres Mannes.

1947 kauften die Klindtworths Bauland in der Harburger Straße. Der Boden war weich und moorig, aber in Hamburg lagen ja genügend Trümmer herum. Die wurden ein halbes Jahr lang pausenlos auf das neue Firmengelände gefahren und zur Befestigung des Untergrundes verteilt. Bald stand auf diesen Hamburger Trümmersteinen eine neue moderne Mosterei, die dritte der Klindtworths. Die Produktpalette vergrößerte sich. Neben dem so erfolgreichen *„Altländer Gold"* wurden weitere Fruchtsäfte hergestellt und außerdem auch Apfelwein, Liköre und Spirituosen. Ein besonders edler Korn erhielt den Markennamen *Buxtehuder Wettloop.*

Das Firmenlogo der Klindtworths auf dem Grabstein.

Hein Most sagte einmal: „Die erste Million ist die Schwerste, aber von der kann man nicht leben!"

Nach dieser Devise lebte er auch. 1953 wurde ein neuer Betrieb an der Moisburger Straße gebaut und im Buxtehuder Umfeld entstanden Versuchshöfe für den Anbau von Obstplantagen auf trockenen Geestböden.

Ein Herzinfarkt zwang Hein Most 1957 kürzerzutreten. Die Mosterei am Mühlenteich wurde an die Firma Dr. Oetker verkauft, die dort Säfte der Marke „Granini" presste.

Als 1981 Heinrich Klindtworth starb, verkaufte seine Frau die Firma und fand endlich Zeit und viel Liebe für die Stadt Buxtehude. Else Klindtworth engagierte sich als Sponsorin im Heimatverein, dem Jugendorchester, Buxtehuder Behinderteneinrichtungen, der Seniorenarbeit und auch dem kirchlichen Leben.

Als Dirigent Justus Franz nach einem Konzert über die Qualität des stadteigenen Flügels klagte, griff Else Klindtworth in ihre eigene Schatulle und blätterte

Else Klindtworth an ihrem 100. Geburtstag.

100.000,– DM für einen neuen Flügel auf den Tisch. Der steht bis heute auf der Halepaghenbühne und wird von keinem Pianisten mehr kritisiert. Viele Konzertbesucher wissen nicht, dass sie den guten Klang auch dem *„Altländer Gold“* und seinem großzügigen Erzeuger verdanken.

Sie wurde über 100 Jahre alt und starb 2004. Bis in ihr gesegnetes Alter war diese ungewöhnliche Frau äußerst vital und geistig rege. Ihr Vermögen aus den Erträgen von Apfelsaft und Korn, Aktien, Schiffsbeteiligungen und Kiesgruben hatte sie in ihrem Testament für eine Stiftung bestimmt und die Geldempfänger sehr genau vorgegeben:

Von den jährlichen Erträgen des Stiftungskapitals fließen ein Viertel an junge Menschen, die in Buxtehude studieren und nach steuerrechtlichen Bestimmungen bedürftig sind, ein Viertel an den Ortsverein Buxtehude der Lebenshilfe, ein Viertel an Organisationen, die alten und hilflosen Menschen helfen und das letzte Viertel an Einrichtungen, die kulturellen Zwecken dienen und von der Stadt Buxtehude vorgeschlagen werden.

So wurde 2004 die *„Else und Heinrich Klindtworth-Stiftung“* ins Leben gerufen – mit einem Vermögensstock von 11.200.000 Euro. Aus den Erträgen dieses Kapitals wurden weit über 200 Studenten der Fachhochschule HS 21 in Buxtehude gefördert, über 50 Absolventen der Meisterausbildung der Handwerkskammer Stade und etwa 30 Schüler der Malerschule Buxtehude.

Die Lebenshilfe hat bisher fast eine halbe Million Euro bekommen. Außerdem wurden das Altenheim Waldburg, das Dr. Neucks Heim des Roten Kreuzes, der Diakonieverband Stade, die Einrichtung Bethel, die Behinderteneinrichtung in Wennsersdorf, die Hospizgruppen Stade und Buxtehude und die Kirchengemeinden St. Petri, St. Paulus und St. Maria großzügig bedacht.

Das Klindtworth-Grab auf dem Buxtehuder Waldfriedhof.

Gefördert wurden außerdem musikalische Aktivitäten, der Museumsverein, das neu installierte Kulturforum am Hafen und weitere Institutionen – immer im Sinne der Regelung von Else Klindtworth.

Im Jahr 2011 wird der stolze Betrag von 320 000 Euro an die genannten Empfänger fließen, sagt Rechtsanwalt Dr. Martin Lockert, der Vorstand der Stiftung.

Unser Bürgermeister sprach vom „Segen für die Stadt". Diesen Segen verdankt Buxtehude einmal den unternehmerischen Fähigkeiten der Klindtworths und zum anderen ihrem sparsamen und bürgerlichen Lebensstil, gepaart mit großen und offenen Herzen für das Allgemeinwohl.

Unsere Welt braucht Menschen wie Else Klindtworth, denn so sehen Vorbilder aus – und schlichte Größe.

Wer den Buxtehuder Waldfriedhof besucht und dort den ersten Weg nach rechts geht, stößt schon nach hundert Schritten auf die schwarze Grabtafel mit dem goldenen Firmenlogo der Klindtworths. Es gibt Grund genug, dort hinzugehen und danke zu sagen, danke für den wirklich guten Nachgeschmack des Apfelsaftes *„Altländer Gold"*.

Balvados, große Schiffe und ein Kindergarten

Unter deutscher Flagge Richtung Zukunft

Schon in der Antike führten Handelsrouten zu Reichtum und Wohlstand. Das waren zunächst die Seidendstraße von China nach Europa und auch die Weihrauchstraße durch die Wüsten Arabiens bis zum Mittelmeer. An diesen Handelsrouten entstanden kulturelle Perlen wie Samarkand oder das Königreich Saba. Aber dann entdeckten Griechen und Römer die Vorzüge der Passatwinde. Die Reichtum bringenden Handelswege wurden auf die Meere verlegt – das Königreich Saba zerfiel ebenso wie der Glanz von Samarkand.

Den Lastenseglern folgten immer größer werdende Fracht-, Container- und Tankschiffe. Grzegorz Kaczocha von der NSB beschreibt die heutigen Welthandelsrouten so:

„Hinter Sri Lanka geht es tausend Seemeilen geradeaus durch den Indischen Ozean. Für uns ist das der Highway."

Und viele dieser Highways zwischen den Kontinenten werden heute von Buxtehude aus sinnvoll genutzt; von der Reederei NSB (= Niederelbe Schiffahrtsgesellschaft; das B steht für Buxtehude).

Ich treffe den durch und durch hanseatisch wirkenden Chef der NSB Helmut Ponath zusammen mit seiner Mitarbeiterin Bettina Wiebe, zuständig für Presse und Public Relations, in seinem NSB-blauen Büro. Dieser Mann dirigiert, lenkt, baut um oder repariert über hundert Schiffe auf den Weltmeeren und hat eigene Standorte in Alabama, Aland, Singapur und Korea, zwischen denen er ständig pendeln muss.

Unser Gespräch wird schnell locker und persönlich – weil wir gemeinsame Schiffsrouten und Lieblingsziele ausmachen, Norwegen und die Hurtigruten zum Beispiel. Aber ich bin nicht gekommen, um über die Mitternachtssonne und das Polarlicht zu plaudern, ich möchte von Herrn Ponath hören, was hinter der beispiellosen Erfolgsgeschichte der Reederei NSB steckt.

Der Reeder beginnt mit „Lappalien“, die gar nichts mit seinen großen Schiffen zu tun haben – oder vielleicht doch mit der NSB-Seele?

„Als wir 1986 sehr beengt mit sieben Mitarbeitern unter dem Dach der alten Volksschule in der Harburger Straße anfingen, haben wir noch selbst die Fensterscheiben geputzt.“

Helmut Ponath, Geschäftsführer der NSB, sagt: „In diesem Wettbewerb mit ständig steigenden Anforderungen hat man mit durchschnittlichen Leistungen keine Chance. Deshalb brauchen wir Leute, die was können.“

Der 1943 an der Ostsee bei Kiel geborene Maschinenbauingenieur Helmut Ponath kam über Jork nach Buxtehude. Die Reederei NSB war 1982 in Jork gegründet worden und siedelte nach ihrer Einbindung in den Bremer Vulkan Verbund 1986 nach Buxtehude über – weil dieser Standort ideal für alle Verbindungen nach Hamburg, Bremen und Bremerhaven ist. Nach dem Konkurs des Bremer Vulkan arbeitete NSB als selbstständige Reederei weiter und Helmut Ponath wurde ihr Chef.

Von Buxtehude aus hat die kleine Truppe zunächst fünf Schiffe bereedert. Für sie mussten 131 Seeleute angeheuert werden. Aber die Schiffe wurden schon bald größer und zahlreicher, der Platz in der alten Schule aus der Kaiserzeit reichte nicht mehr aus und NSB ging auf Grundstücksuche.

Im Jahr 2000 wurde die Alkoholbrennerei Klindtworth stillgelegt. Sie hatte seit 1945 besten Apfelmost und später guten Branntwein hergestellt. Für die NSB war

Der Firmensitz von NSB auf dem ehemaligen Klindtworth-Gelände an der Harburger Straße.

das Grundstück ideal, und sie baute dort ihre neue Firmenzentrale, in der viele Klindtworth-Elemente bis heute erhalten geblieben sind.

„Aus Liebe zur Tradition“, sagt Helmut Ponath. „Und mit dem Grundstück haben wir auch Brennrechte übernommen – und den Diplom-Brennmeister Guido Trimde. Heute brennen wir den wirklich guten ‚Balvados‘. Damit führen wir eine 50-jährige Tradition der Familie Klindtworth weiter.

‚Balvados‘ wird nach überlieferten Familienrezepten destilliert und in speziellen Limousin-Eichenholzfässern mit unseren Schiffen über die Weltmeere gefahren. Durch den Seegang erhält der Brand seinen einzigartigen Charakter. Aber ‚Balvados‘ ist kein Massenprodukt und soll es auch nicht sein, wir führen diesen Apfelbrand nur in unserem eigenen NSBhotel Navigare.“

Heute (2011) ist Helmut Ponath Herr über 113 Schiffe, die auf allen Weltmeeren unterwegs sind. An Land arbeiten etwa 300 Frauen und Männer für die Reederei und auf See knapp 4000! Fast die Hälfte von ihnen sind Philippiner, die in Buxtehude gemeldet sind. Deshalb hat Buxtehude einen besonders hohen Ausländeranteil – zumindest auf dem Papier und auch beim Finanzamt, das die Lohnsteuer kassiert.

„Warum“, möchte ich wissen, „fahren auf allen Schiffen dieser Welt so viele Philippiner?“

„Weil die zuverlässig, freundlich und gut ausgebildet sind. Außerdem sprechen alle Philippiner Englisch. Das ist bei Chinesen, Japanern und anderen Asiaten nicht so."

Über 60 Prozent der NSB-Schiffe fahren unter deutscher Flagge.

„Das rechnet sich für uns trotz der höheren Personalkosten. Weil die gute Wartung der Schiffe – made in Germany – für weniger Ausfallzeiten sorgt."

Und dann möchte ich natürlich wissen, was genau NSB macht und höre, dass von Buxtehude aus Schiffe ausgerüstet und verchartert werden. Neue Schiffe werden in Deutschland, Rumänien und Korea gebaut und, und, und …

NSB bildet in Buxtehude Kapitäne und Offiziere weiter, aber nicht in einem normalen „Seminarraum", sondern in einem geradezu sensationellen Simulator. Ob das Einlaufen im Hafen von Sydney oder bei Nebel in die Elbmündung – auf der Simulator-Brücke kann fast jede Situation praxisnah durchgespielt werden, sogar haushohe Wellen und orkanartige Stürme.

„Dieses Training", so erzählt Helmut Ponath, „hat dafür gesorgt, dass unsere Unfallraten nachweislich zurückgegangen sind."

„Und dann ist da noch ein Kindergarten?"

„Ja, das war so eine fixe Idee von mir. Aber ich musste das erst einmal meinen Gesellschaftern ‚verkaufen'. Das funktionierte am besten über die Frauen unserer Gesellschafter. Als die eines Tages alle zusammen waren, habe ich den Kindergarten auf unserem Betriebsgelände vorgeschlagen. Die Damen waren begeistert und ihre Männer nickten – meine Idee war angenommen.

Wir wollten unseren Mitarbeitern Kinderbetreuungsplätze zur Verfügung stellen und den Kindern auch Besonderes bieten. Ich denke, Kinder sind nicht nur unser aller Zukunft, sondern auch die der NSB. Nach einjähriger Bauzeit wurde 2008 der Obstkindergarten fertig. Dort haben wir zurzeit eine Kapazität für 85 Kinder, wobei das jüngste 9 Monate und das älteste 13 Jahre alt ist. Wir wollen ihnen viel Freiraum geben und den individuellen Bedürfnissen Rechnung tragen, ihr Selbstbewusstsein stärken und Gemeinschaftsfähigkeit vermitteln."

Zeitgleich mit dem Kindergarten wurde in dem historischen Gebäude der alten Schule, wo einst die Erfolgsgeschichte von NSB begann, das Viersterne NSBhotel

Navigare eröffnet. Es dient nicht nur Geschäftsfreunden und Mitarbeitern – die ja aus aller Welt anreisen – als elegante Herberge, sondern dieses Altstadtjuwel ist auch eine Bereicherung für ganz Buxtehude.

„Herr Ponath, gehen wir noch einmal zurück zu den Schiffsautobahnen, die Sie ja kennen wie kein anderer. Jahrhundertelang haben die Kaufleute Europas nach kurzen Handelsrouten im Norden gesucht und dabei hunderte von Menschenleben verloren. Ich denke an John Franklin, Willem Barens oder die fürchterliche Katastrophe der Jeanette. Alle diese Expeditionen suchten nach einem kostengünstigen Seeweg, um an die ‚goldenen Pflastersteine' des Marco Polo zu kommen und den Reichtum des Ostens nach Europa zu schippern. Jetzt taut das Eis in den nördlichen Passagen. Liegt da eine neue Zukunft Ihrer Seewege?"

„Nein, ganz und gar nicht! In der Nordwestpassage wohnen einige Inuit und in der Nordostpassage eine Handvoll Tschuktschen. Wenn andere Reedereien heute durch diese Passagen fahren, dann sind das reine PR-Aktionen, mehr nicht. Unsere Straßen führen an Plätzen vorbei, wo viele Menschen leben und reger Handel getrieben wird, wo Container gelöscht oder geladen werden – und das sind die traditionellen südlichen Routen an den Golfstaaten vorbei nach Hongkong und Korea."

„Sie kennen die Welt. Gibt es da private Lieblingsplätze?"

„Solche Plätze gibt es. Ich bin gerne in Singapur und auch in Korea. Aber mein Lieblingsort sind die finnischen Alandinseln. Die liegen in der Ostsee südlich des Bottnischen Meerbusens. Dort habe ich ein kleines Holzhaus am Wasser und kann Natur pur genießen, von meinem Schreibtisch abschalten und richtig durchatmen."

Die unendlichen Reichtümer der Antike sind mit den alten Handelsrouten untergegangen. Neue Wasserstraßen sind an ihre Stelle getreten. Samarkand, Saba und Cathay heißen heute Hamburg, Singapur und Schanghai … und ein wenig gehört auch Buxtehude dazu.

Zum 25. Geburtstag von NSB schrieb Bürgermeister Jürgen Badur ins Gästebuch der Reederei:

„Die Stadt Buxtehude ist stolz darauf, ein so renommiertes und erfolgreiches Unternehmen zu ‚beherbergen'."

Liebe Leute seid ganz Ohr, Jocus Petri stellt sich vor

Das Buxtehuder Kirchenkabarett

Eine gute Idee ist es immer, zum Kirchentag zu fahren. Eine noch bessere Idee entstand genau dort, auf dem Kirchentag 1995 in München. Pastor Eberhard Schäfer, seine Frau Edith und Jutta Regenhardt aus der Kirchengemeinde hockten nach dem Besuch eines bayerischen Kirchenkabaretts in einem zünftigen Biergarten und dachten: Was die Bayern können, das geht in Buxtehude auch. Die Idee zum eigenen Kabarett „Jocus Petri" war in der Münchener Kirchentagslaune bei einem kühlen Bier geboren, ... aber noch lange nicht in die Tat umgesetzt worden. Das Wort „Jocus" kommt aus dem Lateinischen und heißt soviel wie Scherz.

Für ein Kabarett braucht man *einen Mann am Klavier*, Techniker für Licht und Ton, einen Verantwortlichen für die Regie – und gute Mitspieler, die bereit sind, sehr viel Freizeit zu opfern. Das alles war in der lebendigen St. Petri-Gemeinde kein wirkliches Problem und die notwendigen Episoden kamen quasi von alleine aus dem Alltag der Gemeinde, der Stadt Buxtehude und der Landeskirche.

Schon ein Jahr nach dem Münchenbesuch folgte 1996 der erste Auftritt im Dietrich-Bonhoeffer-Haus. Da wurde noch ein wenig improvisiert. Als Scheinwerfer stand nur ein Baustrahler zur Verfügung und der *Mann am Klavier*, Kirchenkreiskantor Reinhard Gundlach, fand den Schlüssel zum abgeschlossenen Musikinstrument nicht rechtzeitig. Deshalb gab es zunächst viel Gelächter und später noch mehr Beifall. Zusatzveranstaltungen mussten organisiert werden und bald schon wurde Jocus Petri zum festen Bestandteil der Buxtehuder Kulturszene. Alle zwei Jahre kamen die quirligen und richtig professionell wirkenden Akteure mit einem neuen Programm auf die Bühne und spielten sich in die Herzen der Buxtehuder. Nebenbei brachten fünf ausverkaufte Kabarettvorführungen Spendengelder von jeweils 4.000 bis 5.000 Euro ein. Das war gutes Geld für die Sanierung der Furtwängler-Orgel in der St. Petrikirche, für die Tschernobyl-Hilfe, die Pastor Hans-Otto Gade und seine Frau nach dem Reaktorunfall zusammen mit der Landeskirche ins Leben gerufen haben, für die Buxtehuder Tafel und viele andere Projekte.

Zu einem richtigen Hit fast aller Jocus-Petri-Veranstaltungen wurde der *Klerikal-Tango* von Eberhard Schäfer, der sich in seine „Puppe" verliebt zu haben schien und diesen erotischen Tanz so leidenschaftlich vorführte wie ein argentinischer Profi aus La Boca.

Unser Pastor macht sich Sorgen, ú – á – chí – ó!
weil die Kirche oft so leer ist.
Ständig grübelt er und grübelt;
Was die Leute reizen tät':
„Worauf fliegen sie denn alle?
Was ist jetzt denn nur die Mode?"
Und da kommt ihm ein Gedanke,
und schon strahlet sein Gesicht:
„Klerikal-Tango im Gotteshause,
das ist für alle die große Sause!
Sonntag für Sonntag tanzt die Gemeinde
und gibt sich endlich den Friedenskuss!"

Ja, sie tanzten einen Tango,
der Herr X und Lieschen Müller,
und der Pastor kann nichts finden,
was daran verdächtig wär';
nur der Sup' beim Visitieren,
dem der Kuss nicht so gefällt,
könnt dazu vielleicht was sagen;
doch der Herr, der sagt nichts mehr.

Wenn dieser Tango einmal nicht auf dem Programm stand, musste Eberhard Schäfer ihn als Zugabe tanzen. Seine „Puppe" und das Publikum verlangten geradezu sehnsuchtsvoll nach dieser Kult-Vorführung.

Selbst unser Superintendent Dr. Helmut Blanke nennt den *Klerikal-Tango* bei der Aufzählung seiner Lieblingsstücke – und auch *Artur, der Konfi*.

Szene aus dem Kabarett Jocus Petri.

*Bin Artur, der Konfi in diesem Haus,
ich tu's für die Knete, sonst hielt ich's nicht aus.
Gelangweilt sitz ich auf dem Stuhl,
zwei Jahre Konfer, das ist nicht cool.*

*Von der Disco gleich in die Kirchenbank,
die Orgel heult los, das macht mich krank.
Statt Techno dieser ätzende Klang,
mich kriegt hier keiner zu diesem Gesang.
Der Pastor trägt heut' e'nen schwarzen Rock,
ist der etwa schwul, das wär'n Schock.
Jetzt singt er los wie'n Tattergreis,
in ausländisch was mit Curry und Reis.*

Eberhard Schäfer (l.) singt im Jocus Petri und sieht dabei gar nicht aus wie ein Pastor.

*Der Pastor haut ab, er geht wo rauf,
und taucht über mir von'nem Ausguck auf.
Er quasselt von Sünde und so'nem Kram,
und einem der trotzdem in'n Himmel kam.
Äi, Alter, das ist doch endlich was,
'ne geile Story, die macht mir Spaß.
Äi, Hölle, wo bleibt denn nur dein Sieg,
vielleicht werd' ich doch'n Jesus-Freak.*

*Beim nächsten Song, das ist nicht dumm,
gibt 'ne Tussi'n Beutel mit Knete rum.
Ich lang hinein und greife zu,
da keift sie los, die dumme Kuh.
Der Pastor macht seine Arme breit,
gleich hebt er ab, es ist so weit.
Dann endlich ist die Show hier aus,
ab durch die Mitte, nichts wie raus.*

Eberhard Schäfer – von der ersten Stunde dabei –, zählt noch weitere Titel zu seinen Favoriten. Unter anderen *die Sitzung*, weil es zu viele davon gibt.

Du, warum sitzen wir eigentlich hier?

Weiß ich auch nicht so genau; irgendwie soll das hier 'ne Sitzung werden, damit unser Gemeindebrief besser wird.

Ist ja gar nicht verkehrt. Verbessern ist immer gut.

Ja, aber wir sollen da einen Ausschuss bilden.

Wofür das denn?

Der soll dann ein Redaktionsteam bilden, damit der Gemeindebrief besser wird.

Und warum sitzen wir dann hier?

Sag ich doch, damit wir einen Ausschuss bilden.

Dann ist das also so 'ne Ausschuss-Sitzung?

Ja, so ungefähr. Also 'ne Sitzung, die Ausschuss produziert.

Versteh ich nicht. Ich denke, es geht um den Gemeindebrief?

Mensch, du kapierst aber auch gar nichts. Es geht einmal um einen Ausschuss, der dann …

Klar, versteh ich schon. Und machst du in dem Ausschuss mit?

Ne wieso, ich bin nur zu dieser Sitzung da.

Ja, aber wer macht denn in dem Ausschuss mit?

Weiß ich auch nicht. Gibt ja noch andere als uns beide, oder?

Klar, aber irgendetwas soll doch dabei schließlich herauskommen. Sonst sitzen wir uns hier noch fest.

Hast recht.

Sag mal, wo bleiben denn die anderen?

Ich glaube, die sitzen noch in einer Sitzung über Sponsoring.

Kann ich überhaupt nichts mit anfangen.

Na ja, das musst du dir so vorstellen, dass das mit der Kirche und dem Geld eben in Zukunft auch weiter geht – und so.

Und die bilden da wahrscheinlich gerade einen Ausschuss.

Also, ob einen Sitzungsausschuss oder eine Ausschuss-Sitzung, das weiß ich auch nicht.

Dann versteh ich nicht, warum ich hier sitze?

Ich auch nicht. Also los, gehen wir.

Viele tausend Buxtehuder haben bei Jocus Petri erlebt, dass Kirchenkreiskantor Gundlach nicht nur Bach spielen kann, sondern auch so flotte Weisen, dass niemand mehr im Saal ruhig auf dem Stuhl sitzen bleiben kann. Und die Lachmuskeln wurden dabei auch immer gut trainiert.

Wie geht es nun weiter mit diesem tollen Kabarett, das man im heimischen Raum in einem Atemzug mit den *Berliner Stachelschweinen* und der *Münchner Lach- und Schießgesellschaft* nennen darf? Die traurige Antwort lautet: gar nicht!

2012 wird Jocus Petri zum letzten Akt in das Dietrich-Bonhoeffer-Haus einladen – weil die Pastoren Schäfer und Gade sowie Kirchenkreiskantor Gundlach im Ruhestand sind.

„Wir haben dann sehr schnell den notwendigen Kontakt zur Gemeinde verloren – und man muss auch nicht Erfolgsrezepte künstlich am Leben halten. Die Generation nach uns wird neue Konzepte für eine lebendige Kirche finden und umsetzen", sagt Pastor Eberhard Schäfer mit einem lachenden und einem weinenden Auge.

„Und was wird aus der „Puppe"?

„Die wird weiter träumen – vom Klerikal-Tango!"

Licht aus Bethlehem für Buxtehude

Eine vorweihnachtliche Geschichte

In der Adventszeit wird es von Woche zu Woche heller, weil Christen an jedem Sonntag eine neue Kerze anzünden. Mitten in diese vorweihnachtliche Zeit hinein leuchtete da plötzlich ein ganz besonderes Licht strahlend hell und fast blendend. Dieses Licht kommt aus Bethlehem, also von einem weit entfernten Ort, an dem das helle Licht eines Sterns vor 2000 Jahren Hirten und Könige zu dem Kind geführt hat, das die ganze Welt verändern sollte.

Jonna trägt das Licht aus Bethlehem vorsichtig durch die kalte Winterlandschaft.

Das Licht aus Bethlehem wird in jedem Jahr zu Weihnachten von Israel aus in viele Länder geflogen. Pfadfinder brachten es dann im Dezember 2010 nach Hamburg und eines Abends standen sie mit der brennenden Kerze auch vor der Tür des Buxtehuder Dechant Johannes Pawellek.

Renate, eine katholisch erzogene Frau, die ökumenisch verheiratet ist und in einem evangelischen Gospelchor singt – das alles funktioniert in Buxtehude Gott sei Dank vortrefflich –, brachte am 3. Advent das Licht aus Bethlehem von ihrem Gottesdienst mit nach Hause und war über den Ursprung dieser Flamme so erfreut, dass sie das Licht unbedingt mit ihren Nachbarn teilen wollte. Kurz entschlossen nahm sie das etwas kitschige Windlicht aus dem Schrank, das nie weggeworfen wird, weil es von einem viel zu früh verstorbenen lieben Freund stammt, entzündete die Kerze am Licht aus Bethlehem, und marschierte in den frostigen Wintertag hinaus. Vor den Häusern der Siedlung lagen hohe Schneeberge, die Bewohner hatten seit einer Woche schon fleißig geschippt.

Da stand plötzlich eine Frau vor den Türen von Menschen, die oft oder selten oder auch gar nicht zur Kirche gehen. Renates Botschaft war kurz und fröhlich:

„Ich bringe das Friedenslicht aus der Geburtsgrotte von Bethlehem. Wenn Sie möchten, teile ich es gerne mit Ihnen."

Alle so Überfallenen hörten sich interessiert die Geschichte dieses ganz besonderen Lichtes an: Sie waren alle positiv überrascht, suchten nach eigenen Kerzen, um das so weit gereiste Licht zu übernehmen und klärten die fragenden Kinder darüber auf, was Bethlehem und sein Licht aus der Wüste für eine weltumspannende Bedeutung haben.

Das Licht aus Bethlehem im Schnee von Buxtehude.

Im Haus gegenüber wohnt eine freundliche Familie aus Sri Lanka. Renate war nicht sicher, ob sie Hindus oder Buddhisten sind. Aber über das Licht aus Bethlehem haben sie sich genauso gefreut wie alle anderen Nachbarn auch.

Zuletzt besuchte Renate ihre Freundin Anja – eine Straße weiter. Und die hatte für den Abend zu einem lebendigen Adventskalender eingeladen. Das ist eine Initiative der evangelischen Kirche. An jedem Abend gibt es bei irgendeinem Gemeindemitglied so einen Adventskalender, die Konfession spielt dabei keine Rolle.

Bei Anja trafen sich in der Dämmerung etwa ein Dutzend Eltern mit ebenso vielen Kindern, die alle mit dem Schlitten zu diesem Ereignis gezogen wurden. Die Kinderaugen glänzten im Schein von vielen Kerzen im Schnee. Sie alle waren am Licht aus Bethlehem entzündet worden. Ihre Flammen zitterten im Wind und erinnerten so an die unstabile Lage in Palästina.

Anja hatte ein Fenster ihres Hauses strahlend hell erleuchtet und stimmte das erste Adventslied an, begleitet von einem kleinen, krächzenden Recorder im Schnee.

Dann erzählte Michael den Kindern und den Erwachsenen von jenem Mann, der einen Stern suchte und den Himmel fand.

Er suchte einen guten Stern, um sein Leben unter ihn zu stellen. Aber den fand er weder in seinem Haus noch in einem Geschäft und auch nicht auf der Straße.

Plötzlich blinkte ein Stern in einer kleinen Pfütze – die es an jenem Tag nicht geben konnte, da am 3. Advent etwa zehn Minusgrade herrschten. Der Mann wollte den Stern im flachen Wasser aufheben und erkannte, dass es nur ein Spiegelbild war.

Aber welcher Stern spiegelte sich so hell unter ihm? Der Sternensucher schaute nach oben und sah tausend und mehr funkelnde Sterne am nachtschwarzen Himmel. Bei diesem großartigen Anblick dachte er:

Was soll ich mein Leben unter einen einzelnen Stern stellen, wenn der ganze Himmel voll davon ist? Da oben sind so viele Sterne. Davon ist immer einer für mich da.

Es war lausig kalt und Renate wollte nach Hause gehen. Da drückte ihr Anja eine Karte in die Hand, auf der war ein silberner Aluminiumstern befestigt und neben ihm stand zu lesen:

Wir wünschen dir einen Himmel voller Sterne!
Sterne, die glänzen, wenn du glücklich bist;
Sterne, die den Weg zeigen, wenn du nicht mehr weiter weißt;
Sterne, die leuchten, wenn es dunkel ist;
Sterne, nach denen du greifen kannst, wenn du fröhlich bist;
Sterne, die aus dir strahlen, wenn du anderen Gutes tust.
Wir wünschen dir einen Himmel voller Sterne,
heute und an jedem Tag deines Lebens.

In der eigenen warmen Wohnung angekommen, folgte der Schreck. Das Licht aus Bethlehem war auf der Terrasse verloschen. Die Kerze war einem Stoß des kräftigen und kalten Ostwindes zum Opfer gefallen. Aber das Unglück war nicht wirklich groß – überall in der Nachbarschaft brannte ja noch das Licht aus Bethlehem und es hielt bei vielen Familien bis zum Heiligen Abend, damit an ihm die vielen Weihnachtskerzen entzündet werden konnten.

Weitere Bücher über Ihre Region

Ulf Kaack
Unsere Kindheit im Norden
Die 50er, 60er und 70er Jahre
80 Seiten mit ca. 250 Bildern
ISBN 978-3-8313-2231-2

Mike Neschki
Unterwegs in der Speicherstadt – Geschichten und Anekdoten aus Hamburg
80 Seiten mit zahlreichen Fotos
ISBN 978-3-8313-2144-5

Peter Schnehagen
Hamburg in 3-D – Historische Stereofotos von Hamburg
128 Seiten, mit zahlreichen 3-D-Bilder
ISBN 978-3-8313-2230-5

Gerhard Schöttke
Aufgewachsen in Hamburg in den 40er und 50er Jahren
64 Seiten mit zahlreichen Fotos
ISBN 978-3-8313-1867-4

Sandra Iheoma Goetz
Aufgewachsen in Hamburg in den 60er und 70er Jahren
64 Seiten mit zahlreichen Fotos
ISBN 978-3-8313-1868-1